COACHING ORGANIZACIONAL
SISTEMÁTICO

FRANCISCO GERARDO PEREYRA QUIÑONES

COACHING ORGANIZACIONAL SISTEMÁTICO

*La estrategia para conquistar los **objetivos y metas de la organización***

AGRADECIMIENTO Y DEDICATORIA

Primeramente, gracias a Dios que me permitió llevar a cabo este proyecto y me proporcionó la fuerza y el entendimiento para plasmar lo que en él incluyo.

Con profundo amor a mi esposa María de la Luz por su comprensión y aliento, por escucharme y brindarme sus certeros comentarios durante la realización de este libro, el cual no hubiera sido posible, sin su valiosa contribución. A nuestras hijas Delia Azucena y Abril Margarita y sus familias, a nuestro hijo Gerardo Alan y a nuestro hijo no nacido, que de muchas maneras nos motivan a ser mejores cada día. A nuestros queridos familiares de mi esposa y míos. A la memoria de nuestros padres Francisco y Delia; José Trinidad y Margarita, por su amor y apoyo incondicional.

A todos los maestros y coaches que de diversas formas aportaron sus conocimientos y me motivaron a la superación permanente en esta importante actividad y profesión. A los autores e investigadores de coaching que aportaron su conocimiento mediante libros y artículos de investigación.

A mis compañeros y colegas en las diferentes disciplinas del quehacer empresarial e institucional, especialmente a Jesús Arturo Cota Llamas, Porfirio Tamez Solís y a la memoria de Jorge Gilberto De La Rosa Tapia. Gracias a todos los que me aportaron generosamente sus conocimientos y enseñanzas.

De manera muy especial a todos mis clientes en el ejercicio de la actividad de consultoría y de coaching organizacional, por su confianza y por la oportunidad de servirles. A las personas de las diferentes organizaciones, que participaron en nuestros programas de capacitación.

A mis alumnos de coaching en las diferentes generaciones, les entrego mi agradecimiento y reconocimiento por su esfuerzo y dedicación. Incluyo también a mis alumnos de licenciatura y posgrado de la Universidad Autónoma de Nuevo León, con los que tuve relación durante 30 años de ejercicio docente.

A las personas que desean aprender y profundizar en la profesión de coach, espero que encuentren en esta obra un apoyo para la comprensión y recursos para su aplicación.

Francisco Gerardo Pereyra Quiñones

Índice

PRÓLOGO

Esta obra es el pago a una deuda que tenía con múltiples personas con las que he compartido desde diferentes perspectivas, el apasionante mundo del coaching. Este proceso empezó hace algunos años cuando me di a la tarea de acompañar y apoyar a mis clientes en sus esfuerzos para alcanzar sus sueños en forma de objetivos y metas personales, profesionales y empresariales. Al principio fue desde la función de consultor y posteriormente desde la de coach, una vez que me preparé en esta profesión.

Con el transcurso del tiempo se fueron desarrollando diferentes escuelas y modelos de coaching, todas ellas con aportaciones valiosas y deseos genuinos de aportar sus herramientas, técnicas y métodos, en la dirección de empoderar a sus clientes en sus propósitos de cambio y mejora.

Esto me llevó a desarrollar una serie de recursos para ponerlos a disposición de las personas y organizaciones que lo requirieran. A todas esas personas y organizaciones nuestro agradecimiento más profundo por la oportunidad de servirles y por las grandes enseñanzas recibidas. Como resultado de este desarrollo surgió el Modelo COS Coaching Organizacional Sistemático®.

Estoy consciente de que existe mucha oferta literaria sobre el tema de coaching, sin embargo, me permití la oportunidad de aportar una más, con el fin de poner al alcance de las organizaciones de la comunidad empresarial e institucional este libro, cuyo propósito es proponer una metodología para la aplicación del proceso de coaching de manera consistente, permanente y sistemática, para encauzar los esfuerzos organizacionales y alcanzar sus metas globales.

Esta metodología está sustentada en un macroproceso organizacional que es incluyente para toda la organización, sus departamentos, procesos y personal con responsabilidad asignada, para incluirlos en un esfuerzo integral que les permita su aportación, competencia e implicación, para contribuir asertivamente al desempeño, crecimiento y desarrollo organizacional en beneficio de todas las partes relacionadas.

Estoy convencido que la profesión de coach y el proceso de coaching, llegaron para quedarse por mucho tiempo en las organizaciones. Es de suma importancia que los líderes de las empresas e instituciones se den a la tarea de integrar a estos profesionales, de manera interna o externa como apoyo fundamental a sus objetivos y metas a través de su personal y equipos de trabajo.

Este libro fue desarrollado para ser una guía que muestre paso a paso, las actividades que toda organización puede llevar, para aplicar el Coaching Organizacional Sistemático® y alcanzar de una manera eficaz y eficiente, sus objetivos y metas actuales y futuras, mediante un proceso que continuamente se renueva y fortalece.

Se constituye, asimismo, como un manual de trabajo para los aspirantes a desarrollar la profesión de coach y aspiro a que aporte a los profesionales de coaching, una serie de recursos adicionales a su bagaje de conocimientos, para brindar un mejor servicio a sus clientes y a sus organizaciones.

Mis mejores deseos son que haya podido transmitir de manera clara y completa los conceptos aquí vertidos. Nos ponemos a su disposición para las dudas o comentarios que puedan tener, los recibiremos con mucho gusto y atención en www.soydhsc.com

1

INTRODUCCIÓN

Es mi deseo y propósito poner a disposición de los lectores una opción viable, sencilla pero profunda, de aplicación del proceso de Coaching, con un modelo desarrollado y adecuado a las organizaciones de todo tipo, para que les permitan orientar sus esfuerzos en forma sistemática, en la dirección de conquistar su propia visión, integrando la energía y sinergia de su equipo de trabajo, en el beneficio de la organización y de todas sus partes interesadas: clientes, empleados, proveedores, accionistas y organismos oficiales con las que se tiene relación por la actividad empresarial.

Con esta publicación deseo proporcionar a nuestros lectores un recurso al cual acudir para generar un movimiento sistemático en su empresa, que permita alcanzar de manera consistente y permanente, los objetivos y metas que satisfagan sus necesidades y expectativas actuales y futuras, de tal manera que produzcan en ellos cambios fundamentales y trascendentes.

A lo largo de este libro encontrarás múltiples herramientas, técnicas y recursos disponibles para aplicarlos en tu organización en todos los ámbitos en los que se desenvuelva. Este es un libro que busca ir más allá de resolver una dolencia de la empresa en forma reactiva, más bien parte del hecho de iniciar por establecer en forma proactiva, una visión a largo plazo, partiendo de su situación actual y estableciendo las bases de crecimiento y desarrollo sostenibles, cumpliendo día a día con su deber ser y potenciando sus capacidades y habilidades para beneficio y satisfacción de todas las partes relacionadas con sus actividades esenciales, soportado en un sólido y realista modelo de negocio.

Estoy convencido, porque lo he comprobado en múltiples ocasiones, que teniendo como punto de partida información real de la actividad empresarial y la síntesis de las necesidades y expectativas de tu organización, estarás en condición de proceder a establecer una planeación estratégica dirigida hacia la visión que tu empresa tenga a largo plazo, cumpliendo con sus responsabilidades presentes, para su permanencia y trascendencia.

Teniendo la dirección estratégica como producto de la planeación mencionada anteriormente, lo que procede a continuación es generar un abanico de posibles acciones encaminadas en esa misma dirección, para posteriormente enfocarse en la toma de decisiones y seleccionar aquellas opciones que sean más potenciales para las necesidades y expectativas de la organización. Es importante asegurar que estas acciones a las que llamaremos objetivos y metas organizacionales estén alineadas en la dirección estratégica definida, para que se encuentren articuladas en el proceso de planeación estratégica y lo soporten con acciones pertinentes.

Posteriormente, lo que corresponde es la planeación de los objetivos y metas organizacionales, que es una etapa donde muchas organizaciones se pierden, es decir, debemos pasar de la planeación estratégica a la planeación operativa asignando responsables, actividades, recursos, definiendo resultados y estableciendo fechas de realización, etc. En esta etapa, es importante que haya un compromiso de las partes involucradas para conquistar estos objetivos y metas, ya que es lo que va a dar impulso a las actividades del día a día y al desarrollo sostenible de la empresa. Es importante distinguir entre los objetivos y metas permanentes como aquellos que están asociados a la operación de la empresa y objetivos y metas de realización única, a los que llamaremos proyectos; ambos serán objeto de estudio en capítulos posteriores.

Una vez planificados los objetivos y metas, propongo una serie de herramientas que puedes utilizar para el seguimiento y conquista de dichos objetivos con sus respectivas metas y así asegurar su consecución exitosa. Dichas herramientas son una recopilación de aportaciones a nivel mundial, para apoyar los procesos de coaching. La toma de decisiones y el establecimiento de objetivos y metas, su seguimiento y apoyo para conquistarlos, es el corazón de los procesos de coaching. Todo lo anteriormente expuesto a esto, es mi contribución para establecer e implementar el Modelo COS Coaching Organizacional Sistemático® en las organizaciones.

El Modelo COS Coaching Organizacional Sistemático® integra una serie de esfuerzos organizacionales estratégicos, administrativos y operativos alineados con una visión compartida a todo nivel de organización, para trabajar en forma armonizada en pos de la conquista de aquello que es vital para el cumplimiento de su misión y su crecimiento y desarrollo.

En nuestra experiencia y dado que su implementación y mantenimiento requieren poner de acuerdo con las partes en interacción y convencer a las personas que tienen responsabilidad en las actividades establecidas en los planes de objetivos y metas, se hace menester que la persona que va a fungir como Coach disponga de las habilidades de negociación y liderazgo necesarias, para hacer conscientes e impulsar a los responsables de los objetivos y metas a conquistarlos convenientemente. Dichas habilidades las trataremos a detalle más adelante.

Ya sea que la persona que apoye los procesos de coaching pertenezca a la empresa o sea externo a la organización, su trabajo y el de su cliente van a ser evaluados por los resultados obtenidos. Para cumplir con esta responsabilidad, proponemos una serie de actividades de evaluación y retroalimentación para el aprendizaje y mejora del desempeño del proceso de coaching, del coach y de su cliente. De esta manera este Modelo se constituye como un recurso que continuamente se actualiza y renueva, cuando se lleva en forma sistemática.

Para obtener el mejor provecho de este libro recomiendo la lectura en el orden establecido en el índice, si se quiere implementar en forma sistemática, si lo que se desea es conquistar objetivos y metas de manera aislada, recomiendo a los lectores enfocarse en los capítulos 4 Proceso de Coaching, 7 Planeación de Objetivos y 8 Seguimiento y Conquista de Objetivos.

En los siguientes capítulos les estaré compartiendo un resumen del tema, una serie de puntos para considerar o advertencias y resultados de la aplicación de la actividad del capítulo, para que sean tomados en cuenta y asegurar el cumplimiento de los resultados del Modelo COS Coaching Organizacional Sistemático®, para beneficio de su empresa o clientes.

Antes de continuar quiero hacer una aclaración que considero pertinente para la lectura, comprensión y aplicación de los conceptos, herramientas y técnicas que les propongo en este libro. Esto es, la diferencia entre sistémico y sistemático, ya que el título del libro incluye la palabra sistemático.

Sistémico es lo relativo a un conjunto de elementos que conforman un sistema y que interactúan entre sí, para el logro de objetivos comunes. El orden de un sistema incluye la pertenencia, la jerarquía y el equilibrio. Cuando se rompe este orden, el sistema presenta complicaciones que requieren intervención para restablecer su eficacia y eficiencia.

Sistemático se refiere a una metodología o manera de hacer las cosas. Ambos conceptos son importantes, tanto los elementos del sistema (sustantivos) como las actividades de los procesos (verbos), se complementan.

En este libro utilizamos esta acepción, ya que lo que les propongo en él, es una metodología para que la apliquen en su organización y hacer de manera reiterada las actividades propuestas hasta su culminación en un período de tiempo determinado, mi sugerencia es recorrer el ciclo de la metodología de manera anual, similar a como se lleva a cabo una planeación estratégica. En lo sucesivo encontraremos ambas palabras y para los efectos de ello aplican estas definiciones y sus conceptualizaciones.

2

MODELO DE NEGOCIO

Toda Empresa debe contar con una guía que le permita saber si está en buen camino respecto a su actividad de negocio. Existen al menos tres factores a las cuales recurrir para proveer de forma consistente, satisfactoria, productiva y rentable, productos o servicios a clientes:

- Profundo conocimiento del mercado al que se dedica, su historia, su situación actual y tendencia.
- Expectativas de resultados de su compañía en términos financieros.
- Capacidades y habilidades de la empresa para alcanzar dichos resultados en la situación actual del mercado y su competencia.

Cuando alguna compañía del ramo o industria que sea desconoce su mercado, lo más probable es que esté haciendo tiros a la oscuridad.

No conoce el tamaño del mercado y cómo esta segmentado, la competencia, sus fuerzas y debilidades; la oferta de productos o servicios, su factor de diferenciación y mucho menos, las necesidades nuevas que van surgiendo en los consumidores actuales y los potenciales; el crecimiento o decaimiento del mercado, etc., por lo tanto, esto lo pone en grave riesgo de tomar decisiones que pueden derivar en fracaso para su empresa.

Por otro lado, establecer objetivos y metas financieras sobre mercados desconocidos puede ser muy riesgoso y llevar a la frustración por fijar expectativas fuera de la realidad. Presupuesto de ventas, costos y gastos, flujo de efectivo, retorno de inversión, márgenes de operación y rentabilidad, etc., realizados sobre bases desconocidas puede llevar a la incertidumbre y a sorpresas desagradables.

Cuántas organizaciones existen que por un lado tienen capacidades y habilidades de sobra para el volumen de productos y servicios que proporcionan a sus clientes y por otro lado, las hay aquellas que se comprometen de más sin poder satisfacer plenamente a sus clientes, generando incumplimientos con ellos y con grave riesgo de perderlos en lo sucesivo.

Las capacidades y habilidades de la empresa, resumidas como actividades internas son: la estrategia, infraestructura, las personas y su organización, la operación, procesos e indicadores, entre otros.

A la forma de coordinar estos tres factores en un todo coherente y armonizado es a lo que se denomina un Modelo de Negocio y provee certidumbre en la organización de que está actuando sobre conocimiento de causa.

No es sencillo llegar a la coherencia total, pero buscar encontrar un equilibrio entre estos tres factores será recompensado en la empresa con resultados satisfactorios, es decir, establecer objetivos y metas financieras sobre el mercado real y adecuado a las capacidades y habilidades de la organización, generará un estado de flujo que dará confiabilidad a los planes estratégicos que se deriven de este Modelo de Negocio.

Lo antes expuesto lo podemos sintetizar en la figura 1 y en la explicación de entradas, actividades y objetivos y metas, como se muestra a continuación:

Modelo de Negocio:

Entradas	Actividades	Objetivos
• Historia de la actividad Empresarial • Contexto de la Organización • Base de Clientes • Mercado • Competencia	• Estrategia • Organización • Operaciones • Procesos e Indicadores • Personas	• Crecimiento de Ingresos: ventas. • Utilidad de Operación • Liquidez • Rendimiento sobre la inversión • Rentabilidad

Evaluación y Retroalimentación

Debemos encontrar un modelo de negocio coherente entre sus parte: Las entradas, que representan una realidad de nuestra actividad empresarial; los objetivos y metas, es decir a lo que aspiramos obtener en nuestra organización y; las actividades internas, que representan nuestras capacidades y habilidades para alcanzar esos objetivos y metas empresariales. Alcanzar un equilibrio entre estas tres partes del modelo de negocio, equivale a estar en estado de flujo, esto es, obtener los resultados esperados de acuerdo a nuestra realidad y nuestras capacidades.

Figura 1: Elaboración propia realizada con datos del libro *Haga lo que hay que hacer* (Confronting Reality) y Norma ISO 9001: 2015

ENTRADAS

- Historia de la actividad empresarial: es importante conocer esta información, para saber si nuestra actividad está en crecimiento, estabilidad o decaimiento.

- Contexto de la Organización: el contexto externo puede verse facilitado al considerar cuestiones que surgen de los entornos legal, tecnológico, competitivo, de mercado, cultural, social y económico, ya sea internacional, nacional, regional o local. La comprensión del contexto interno puede verse facilitada al considerar cuestiones relativas a los valores, la cultura, los conocimientos y el desempeño de la organización.

- Base de Clientes: se refiere a los Clientes actuales y los potenciales para la Organización.

- Mercado: es conocer el tamaño de nuestro mercado meta y la participación que tenemos en ese mercado.

- Competencia: de la misma manera es imperativo tener conocimiento de la competencia superior e inferior a la que nos enfrentamos para conocer las amenazas y oportunidades.

ACTIVIDADES

- Estrategia: son los instrumentos o medios a través de los cuales se alcanzan las metas globales de la empresa.

- Operaciones: son los procesos clave o de negocio que se requieren definir e implementar para lograr los resultados de la Empresa

- Personas: personal que encaje en el perfil necesario para los puestos clave del negocio.

- Organización: es la estructura de trabajo y líneas de autoridad y responsabilidad de la empresa: organigrama, reglamentos, procedimientos y sistemas de trabajo.

- Infraestructura: son los recursos necesarios para la operación de los procesos y para lograr la conformidad de los productos y servicios. Provee información sobre la capacidad instalada y su aprovechamiento.

OBJETIVOS

- Crecimiento de los ingresos: medida de la tasa en la que los ingresos de una empresa han aumentado, derivado de las ventas.

- Utilidad de Operación: el margen operativo, también conocido como margen derivado de las ventas y de los costos directos.

- Liquidez: la disponibilidad de flujo disponible para cumplir los compromisos contraídos por la Empresa en su actividad empresarial.

- Rendimiento sobre la inversión: el rendimiento sobre la inversión es la medición de la cantidad ganada o perdida en una inversión que se expresa como porcentaje de la inversión inicial.

- Indicadores financieros de rentabilidad, que ofrecen varias medidas diferentes del éxito de la empresa en la generación de beneficios.

Resumen

Es importante para tu organización o tus clientes contar con un modelo de negocio, que les permita tener un alto grado de certidumbre para la toma de decisiones y acciones con conocimiento de causa. Los factores de entradas de información del mercado donde se desenvuelve tu empresa o cliente, las actividades internas y los objetivos y metas financieras deben estar en armonía coherente. Todo esfuerzo realizado en esta dirección será recompensado con desempeño y resultados favorables para la organización y todas sus partes interesadas.

Puntos para considerar

- Tendencia de tu actividad empresarial: crecimiento, estabilidad o decaimiento.
- Tamaño de mercado donde se desenvuelve tu actividad empresarial y participación de ese mercado.
- Contexto de organización factores internos y externos y sus retos.
- Capacidad instalada para atender el mercado actual y proyectado.
- Objetivos y metas acordes al mercado meta y a la capacidad instalada.

Resultados

- Tamaño y participación del mercado meta.
- Capacidad instalada.
- Presupuesto de ventas.
- Presupuesto de costos y gastos.
- Presupuesto de flujo.
- Utilidad de operación.
- Margen de rentabilidad.
- Retorno de inversión.

3

MODELO COS COACHING ORGANIZACIONAL SISTEMÁTICO®

Es una serie de herramientas aplicadas en forma ordenada que permiten a la organización, la toma de decisiones sobre información real y útil, lo cual redunda en acciones y desempeño enfocados en aquello que es fundamental para la operación de la empresa y su crecimiento y desarrollo.

Me decidí a desarrollar este modelo sobre coaching a pesar de que existen grandes y valiosas opciones de tipos de coaching enfocados a diferentes ámbitos, todos en mayor o menor medida me han dado aprendizajes y comprensiones mayores para aplicarlos a mi vida, a mi empresa y a las empresas de mis clientes, de hecho, los recomiendo en mis eventos y a mis clientes de coaching para su beneficio.

En el apartado de bibliografía hago una serie de recomendaciones sobre autores y temas de coaching con los que he tenido oportunidad de investigar y aplicar a mis propios procesos de coaching.

Soy un convencido de que la profesión de coach aporta un grado de humanismo a las actividades empresariales y debe tratarse en forma incluyente en lugar de competitiva y considerar la importancia de satisfacer consistente, sistemática e integralmente a todas las partes interesadas en la organización. De hecho, me gusta definir a la dirección de una organización como el arte y la ciencia de satisfacer de manera sistemática, simultánea y consistente a todas las partes interesadas en la organización. No debemos pensar solamente en una fracción de esas partes interesadas, tan importantes son los clientes, como los empleados, los accionistas o propietarios, proveedores y la sociedad a la que pertenece esa organización y en todas esas partes influimos de manera positiva o negativa en nuestra organización.

Lo que aporta este libro es un método de trabajo para que el proceso de coaching forme parte de la actividad cotidiana en toda organización que opte por su inclusión, dentro de las responsabilidades y funciones esenciales, que influyan de manera positiva y proactiva en la permanencia y trascendencia de la organización. Es una palanca de apoyo para que los responsables de los objetivos y metas de la empresa cuenten, para alcanzarlos exitosamente. Como ya mencionamos anteriormente, no es para casos aislados, sino para que todos los objetivos y metas organizacionales se cumplan sistemáticamente.

El Modelo COS Coaching Organizacional Sistemático® está diseñado para integrar todos los esfuerzos institucionales desde la planeación estratégica hasta la evaluación del desempeño organizacional y su retroalimentación para la mejora, y continuar en cada ciclo anual de manera permanente, esto es, para incluirlo en las actividades estratégicas, administrativas y operativas de la empresa, como se muestra en la siguiente figura:

Modelo COS Coaching Organizacional Sistemático®

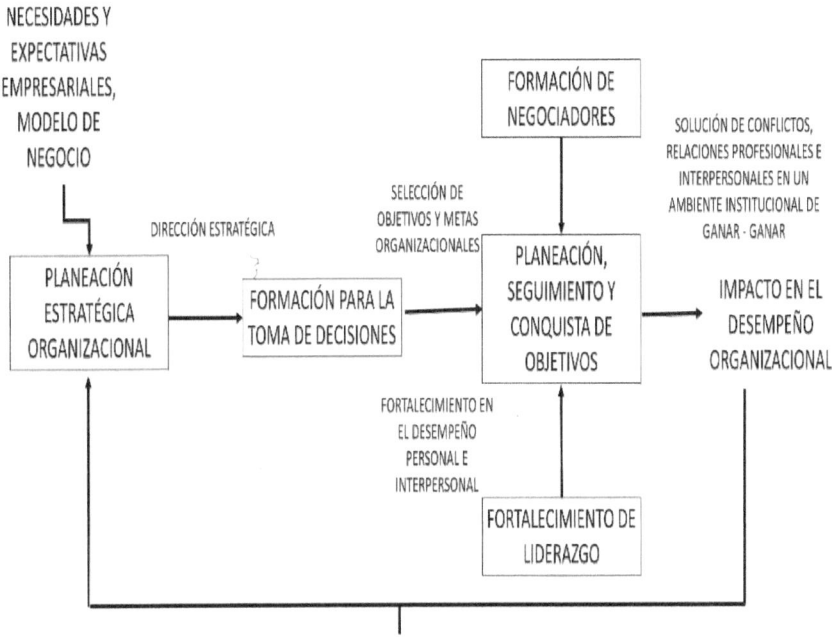

NECESIDADES Y EXPECTATIVAS EMPRESARIALES, MODELO DE NEGOCIO

DIRECCIÓN ESTRATÉGICA

SELECCIÓN DE OBJETIVOS Y METAS ORGANIZACIONALES

FORMACIÓN DE NEGOCIADORES

SOLUCIÓN DE CONFLICTOS, RELACIONES PROFESIONALES E INTERPERSONALES EN UN AMBIENTE INSTITUCIONAL DE GANAR - GANAR

PLANEACIÓN ESTRATÉGICA ORGANIZACIONAL

FORMACIÓN PARA LA TOMA DE DECISIONES

PLANEACIÓN, SEGUIMIENTO Y CONQUISTA DE OBJETIVOS

IMPACTO EN EL DESEMPEÑO ORGANIZACIONAL

FORTALECIMIENTO EN EL DESEMPEÑO PERSONAL E INTERPERSONAL

FORTALECIMIENTO DE LIDERAZGO

RETROALIMENTACION PARA LA MEJORA CONTINUA DEL DESEMPEÑO ORGANIZACIONAL

Figura 2: Elaboración propia.

El método está basado en un macroproceso organizacional con entradas y salidas bien definidas. El proceso de planeación estratégica está basado en información proveniente del modelo de negocio y de las necesidades y expectativas de partes interesadas que son pertinentes a la actividad empresarial y las salidas corresponden a la dirección estratégica de la organización para

27

capitalizar las oportunidades y fortalezas y para eliminar o minimizar sus amenazas y debilidades.

A su vez las salidas anteriores se constituyen en las entradas para la toma de decisiones, esto es, el proceso que permite identificar los objetivos, las metas y las estrategias para alcanzarlos, alineados en la dirección estratégica del paso anterior. Esta actividad permite la incorporación de procesos de creatividad, innovación y mejora en la dirección de la visión empresarial, para generar una serie de opciones de objetivos y metas, que pasen posteriormente a una depuración de aquellos de mayor aporte a la misión y visión de la empresa.

La siguiente etapa es planificar los objetivos y metas seleccionados, utilizando las diversas opciones de planificación con las que contemos, integrando a aquellas funciones que tengan responsabilidad con las actividades correspondientes. Posteriormente, corresponde la implementación de estos y aquí es donde la actividad de coaching tiene su gran aportación. El seguimiento y apoyo por parte del coach se hacen muy valiosos, especialmente en aquellos objetivos y metas que son un verdadero reto para los responsables de ellos.

En capítulos posteriores presentaré algunas herramientas para la planificación y seguimiento de objetivos y metas críticos a diferencia de objetivos y metas que solo requieren una planificación de actividades, recursos y fechas de realización para su consecución.

Dado que los procesos de coaching requieren en ocasiones, poner de acuerdo a varias o muchas personas o departamentos en la organización, se hace necesario que el coach cuente con conocimientos y habilidades de negociación, que le permitan participar en la construcción de acuerdos entre las partes involucradas, empezando por apoyar a su cliente, para vender a sus superiores, el plan del objetivo y meta que le corresponde, sobre todo cuando está de por medio el financiamiento de recursos, para llevar a cabo dicho objetivo y su meta correspondiente.

Finalmente, como recurso adicional, pero no por eso menos importante, en esta propuesta de coaching sistemático, tanto para el coach como para su cliente, el responsable del objetivo, deben poner en juego sus capacidades y habilidades de liderazgo, mismas que junto a las de negociación, se convertirán en soporte antes, durante y al final del proceso de coaching.

Resumen

El Modelo COS Coaching Organizacional Sistemático®, incluye las siguientes actividades para conquistar los objetivos y metas organizacionales: un proceso estratégico, toma de decisiones, planificación, seguimiento y logro de objetivos y metas institucionales, apoyados en capacidades y habilidades de negociación y liderazgo.

Puntos para considerar

- Planeación Estratégica con alcance a todas las partes interesadas en la organización.
- Toma de decisiones alineadas en la dirección estratégica.
- Aplicación de actividades de creatividad, innovación y mejora para definir el abanico de opciones y depuración para la toma de decisiones consciente.
- Formación de negociadores para el coach y sus clientes.
- Fortalecimiento de liderazgo al servicio de los equipos de trabajo.

Resultados

- Conocimiento y entendimiento del Modelo COS Coaching Organizacional Sistemático®.
- Claridad para su aplicación como coach interno o externo a la organización.

4

PROCESO DE COACHING

El proceso de coaching consiste en una serie de actividades encaminadas a ayudar a otras personas a alcanzar sus objetivos y metas, ya sea en forma individual o en equipo, para que alcancen a dar lo mejor de sí mismos.

El coaching organizacional sistemático se encarga de aquellos objetivos y metas que son propios de la organización y que le permiten orientar sus esfuerzos en la dirección del cumplimiento con su misión y su visión. Esto se logra a través de coaching individual o de equipos, según se requiera.

El nivel de intervención del coach en una organización y en cualquier circunstancia es de dos alcances: uno reactivo, cuando apoya al cliente a resolver un problema o situación indeseable y otro proactivo, cuando busca apoyar en la dirección de alcanzar objetivos deseables, es decir, de crecimiento y desarrollo. En ambos casos el asunto es pasar de la situación actual a una situación deseada.

En un principio es probable que la organización se enfoque más en lo reactivo que en lo proactivo, con el paso del tiempo y el aprendizaje continuos, el enfoque será al revés.

Lo que pretende la presente propuesta es dotar a las organizaciones, de una metodología que le permita estar en búsqueda continua de la excelencia, mediante procesos de solución y aprendizaje continuos, aplicando los diferentes recursos al alcance del coach, de sus clientes y de la organización, buscando ser cada vez más autónomos y generando nuevas herramientas de apoyo con los avances en materia de coaching, que se vayan incorporando. Es un proceso que no termina, como no paran los retos y nuevas necesidades y exigencias de los clientes de la empresa.

El proceso de coaching consta de una serie de actividades como se muestra enseguida:

- Identificar cuál es el objetivo y la meta por alcanzar.
- Determinar cuál es la evidencia de que se ha alcanzado el objetivo y meta
- Actividades para alcanzarlos.
- Recursos necesarios y disponibles.
- Conocimientos por adquirir.
- Aprendizajes y reflexiones derivados del proceso.
- Flexibilidad durante el desarrollo del proceso.
- Resultados del proceso de coaching.
- Evaluación del proceso.

Identificar cuál es el objetivo y la meta por alcanzar.

Es un paso vital, ya que el proceso de coaching que se apoya en un buen objetivo y una meta correctos propicia grandes mejoras en la organización y la impulsa en su esfuerzo de cumplir con su misión y alcanzar la visión.

Determinar cuál es la evidencia de que se ha alcanzado el objetivo y la meta

Es también importante saber cómo podemos darnos cuenta de que hemos alcanzado el objetivo y la meta, que es lo que habremos de ver, escuchar y sentir cuando los hayamos alcanzado. Ayuda mucho considerar los canales de comunicación visual, auditiva y sensorial, para esto y así, de esta forma y desde este momento, empezamos a incubar en nuestra mente el resultado que esperamos obtener al concluir exitosamente el proceso de coaching.

Actividades para alcanzarlos.

Son todas las acciones por realizar para paso a paso, encaminarse hacia el objetivo y la meta finales, a través de la conquista de objetivos y metas intermedias, con la certeza de que vamos hacia el éxito previsto.

Recursos necesarios y disponibles.

Una parte importante también es considerar los recursos necesarios para llevar a cabo nuestra actividad de coaching. Esto es, que necesitamos tener para implementar las actividades antes mencionadas, que de no tenerlos se convertirán en una actividad más de negociación, adquisición o construcción.

Conocimientos por adquirir.

Mención aparte son los conocimientos que debemos tener o debemos adquirir para utilizarlos como parte de las actividades, los medios a través de los cuales los vamos a tener: libros, investigaciones, cursos, tutoría, etc.

Aprendizajes y reflexiones derivados del proceso.

El proceso de coaching arroja no solo resultados de los objetivos y metas pretendidos, sino también durante el proceso, van apareciendo objetivos y metas intermedias y una cosa muy importante, aprendizajes y comprensiones que enriquecen nuestra actividad profesional y empresarial. Estar al tanto de ellos nos muestra un gran aporte de la actividad de coaching organizacional. Estos aprendizajes y comprensiones puestas al servicio de la organización y de las partes interesadas, es quizá uno de los más grandes beneficios que aporta el proceso de coaching y el Modelo COS Coaching Organizacional Sistemático®.

Flexibilidad durante el desarrollo del proceso.

Precisamente derivados de los aprendizajes y comprensiones de las actividades del proceso de coaching, es posible que consideremos cambiar y tener flexibilidad en las actividades planificadas, para alcanzar mejores resultados del plan original, ya que pudimos ser capaces de identificar algunos riesgos u oportunidades inminentes. Por lo tanto, podemos decir que el proceso de coaching ofrece mucho más que objetivos y metas *en lugar de ir al río por agua, no solo traje agua sino además en el viaje, vi la oportunidad de traer pescados.*

Resultados del proceso de coaching.

Es indudable que, al decidir tomar un acompañamiento mediante un proceso de coaching, lo que buscamos es alcanzar objetivos y metas concretos y mantener este enfoque es parte del proceso, sin desechar las oportunidades que se presenten, como lo mencionamos anteriormente.

Evaluación del proceso.

Una medida para evaluar el éxito del proceso de coaching es si se alcanzaron los objetivos y metas o se alcanzó un resultado mejor o comprensiones y aprendizajes mayores, que se pueden aprovechar en la empresa para evitar riesgos o capitalizar oportunidades. Lo más importante es cómo se siente el cliente con el proceso con el que fue apoyado, el cliente es quien evalúa el proceso.

RECURSOS: CONCEPTOS, HERRAMIENTAS, TÉCNICAS Y METODOLOGÍAS PARA APOYAR EL PROCESO DE COACHING.

Quiero compartir los siguientes recursos que te van a permitir como coach organizacional, los medios, para apoyar a tus clientes en el camino de alcanzar sus objetivos y metas organizacionales, en el entendido de que puedan existir ahora mismo o en el futuro, medios adicionales que fortalezcan tu profesión de coach de organizaciones, no pretendo explicar cada uno de ellos a profundidad, sino lo esencial para su entendimiento y aplicación. Si deseas profundizar en el conocimiento y su fundamento puedes acudir a la sección de bibliografía:

- Nuestro cerebro y nuestra mente.
- Zonas o estados de comportamiento organizacional.
- Ciclo de aprendizaje.
- Programación Neurolingüística.
- Niveles Neurológicos y su aplicación a la organización.

- Creatividad e innovación.
- Atención plena.
- Enfoque sistémico de la organización.

Nuestro cerebro y nuestra mente.

Uno de los grandes recursos que tenemos tanto el coach como el cliente, son el cerebro y la mente, son nuestros poderosos aliados en el propósito de conquistar los objetivos y metas.

A continuación, les presento algunos datos importantes para ser tomados en cuenta:

El cerebro está formado como lo sabemos por los hemisferios izquierdo y derecho y cada uno tiene sus propias características.

Hemisferio izquierdo.
Controla la parte derecha del cuerpo y algunas de sus más importantes características son que es lógico, matemático o numérico, se vincula con el lenguaje, es secuencial, cuantitativo, enfocado en los detalles, literal, objetivo, intelectual, explícito, convergente, continuo, verbal, etc.

Hemisferio derecho.

Por otro lado, controla la parte izquierda del cuerpo y algunas de sus características son que es imaginativo, creativo, holístico, intuitivo, descriptivo, global, aleatorio, no verbal, artístico, simbólico, cualitativo, analógico, metafórico, sentimental, divergente, simultáneo, etc.

En lo relativo a la mente podemos clasificarla como consciente e inconsciente y las podemos distinguir de la siguiente manera:

La mente consciente, también denominada lógica y racional, es aquella que está a cargo de lo que nosotros nos damos cuenta como comer, asearnos, elegir nuestra ropa, analizar algún problema de trabajo, operar alguna máquina o equipo, dictar una conferencia, manejar un automóvil hacia algún lado, realizar las actividades de nuestro trabajo, elaborar un resumen de un tema específico, en fin, toda aquella actividad que demanda mi atención deliberada. Muchas veces hace uso de los recuerdos y las memorias almacenadas, por lo que tiende a mejorar sus habilidades con el tiempo, en la medida que se va desarrollando.

La mente inconsciente, por otro lado, es aquella que se encarga de lo que no nos damos cuenta como respirar, los latidos de nuestro corazón, la actividad de toda nuestra fisiología, parpadear, etc. Es una mente reactiva cuyos patrones de acción están determinados por situaciones y vivencias de muchos años y por la genética que heredamos de nuestros antepasados. Características de la mente inconsciente: es literal, no analiza, no tiene sentido del humor, no distingue entre imaginar y los hechos reales y ante una serie de opciones escoge la mejor por supervivencia. Conocer y tener el control sobre nuestra mente inconsciente nos permitirá lograr el éxito.

Teniendo este conocimiento presente y al servicio del proceso de coaching del cliente, lo podemos apoyar en nuestra función de coach organizacional.

Zonas o estados de comportamiento organizacional.

En primer lugar, presento este concepto para indagar el estado en que se encuentra la organización en la actualidad: para empezar, les presento la llamada zona de confort, después la zona de crisis y finalmente, la zona de crecimiento y desarrollo. Cada una de ellas tiene sus características propias y es útil conocerlas para ubicarlas y actuar en consecuencia.

Zona de confort: es un estado en el que la persona, departamento o la organización completa se encuentran, sin que les cueste ningún esfuerzo para permanecer. Hacen las cosas de manera rutinaria y sin sentido de riesgo, es lo seguro, lo cómodo, sin esfuerzo adicional y sin crecimiento. Algunas características de este estado son: no se detecta la necesidad de cambiar, las cosas están bajo control, no ven oportunidades de crecer, desperdicio de capacidades y habilidades, aburrimiento, sobrados y conformistas, etc.

Lamentablemente este estado de prevalecer de manera prolongada puede derivar en una zona de crisis, como veremos a continuación.

Zona de crisis: por otro lado, existe este estado en el que podemos caer y que ya se sale de control, se caracteriza por una serie de síntomas tales como: bajo desempeño del personal, departamento u organización, continuas quejas de clientes por incumplimientos o baja calidad de productos y servicios, baja rentabilidad o pérdidas, estrés en su categoría de distrés (el estrés malo), pérdida de mercado, etc.

Zona de crecimiento y desarrollo: finalmente, este estado es un indicativo de que en la generalidad de la organización se están haciendo cosas permanentes, consistentes y sistemáticas, para mejorar continuamente con alto grado de congruencia lo que la organización es y lo que aspira a ser.

Algunas características de esta zona son: desempeño satisfactorio del personal de acuerdo al compromiso mutuamente establecido empleado-empresa, relaciones de beneficios mutuos con todas las partes interesadas como son clientes, empleados, accionistas o propietarios, proveedores y la sociedad como tal en la que se desempeña la empresa, cumplimiento con metas de indicadores, incluyendo los financieros, clima laboral y percepción del cliente, satisfactorios, estrés en su categoría de eustrés (el estrés bueno) y un foco continuo en la mejora y en la visión de la empresa, entre otros.

El conocer cada uno de estos estados o zonas nos permite darnos cuenta el nivel de trabajo desde donde vamos a partir. Como coach de organizaciones te deseo un gran éxito, independientemente del punto de partida. Cada estado o zona representan un reto y seguramente grandes experiencias tanto para ti como coach, como para tu cliente y por supuesto, para tu organización.

Ciclo de aprendizaje.

Encuentro particularmente útil entender el ciclo de aprendizaje para aplicarlo en las organizaciones y en las personas que la componen, ya que establece un punto de partida para mejorar en el conocimiento acerca de temas diversos, afines a la misma organización. Un asunto importante del ciclo de aprendizaje es el nivel de competencia en el tema relativo a la actividad que desempeña tanto el personal en lo individual, como la organización en su conjunto. De esta manera decimos que hay personas más competentes que otras para determinada función y organizaciones más competentes que otras para proveer productos, servicios o soluciones a sus clientes.

Las fases del ciclo de aprendizaje son las siguientes y cada una tiene sus particularidades:

- incompetencia inconsciente
- incompetencia consciente
- competencia consciente
- competencia inconsciente

Incompetencia inconsciente: a esta fase me gusta llamarla "la ignorancia desconocida" y se caracteriza porque la persona u organización ignoran lo que desconocen acerca de determinado tema, por ejemplo, una organización y su personal desconocen lo relativo a exportaciones porque su mercado es local, sin embargo, van a incursionar en el comercio exterior como una oportunidad por petición de un cliente.

Incompetencia consciente: la siguiente fase a la cual le nombro "la ignorancia conocida" es una fase superior a la anterior ya que en este caso y siguiendo con el ejemplo de exportaciones, ya se conoce lo que se ignora, es decir, ya se sabe que para el proceso de exportación se requieren dominar cierta cantidad de tópicos relativos a ese tema.

Competencia consciente: una vez que los tópicos gradualmente se van dominando en el personal y en la organización, se pasa a otra fase a la cual llamaremos el conocimiento aplicado y esto se convierte de cierta manera en conocimiento organizacional, que es una forma de capital intelectual de la empresa.

Competencia inconsciente: cuando las personas en la organización, en lo individual y en lo colectivo ya aplican ese conocimiento a un nivel de dominio importante, ocurre la cuarta fase del ciclo de aprendizaje a la cual llamaremos conocimiento experto, líder de opinión, etc. Obviamente que los nuevos descubrimientos en cualquier tema de interés van a hacer necesario que las personas en las organizaciones se actualicen permanentemente.

Conocer el ciclo de aprendizaje nos permite darnos cuenta del nivel de desempeño que tenemos en determinado tema, especialmente en aquel que concierne a nuestro trabajo y a nuestra organización. También nos da la oportunidad para que nuestro personal en la organización participe en una comunidad de aprendizaje, ya sea transmitiendo conocimientos a otras personas o departamentos en la misma empresa, investigando las fronteras del conocimiento e incorporando los nuevos conocimientos, para fortalecer el capital intelectual de la empresa y haciéndola más competitiva. He encontrado particularmente útil estos conceptos para apoyar al cliente durante su proceso de coaching.

Programación Neurolingüística.

La Programación Neurolingüística o PNL es un tema muy amplio y con muchas aplicaciones en una gran cantidad de actividades y profesiones. Con el propósito de tratar de ser lo más concreto posible, les comparto un resumen para considerarlo como herramienta, técnica y/o metodología en el ejercicio del proceso de coaching.

¿Qué es la PNL?

Se le conoce como el arte de la Excelencia Personal. Es la tecnología que propone un modelo de comunicación y cambio de comportamiento, para estudiar la forma en que los seres humanos usamos el lenguaje verbal y no verbal, para influir unos a otros o a nosotros mismos, en la dirección de alcanzar ciertos objetivos.

Es la habilidad práctica que crea los resultados que verdaderamente nosotros queremos en la vida. Fue desarrollada en los años 70´s por John Grinder y Richard Bandler, sobre la base del trabajo realizado por tres grandes profesionales de su tiempo: Fritz Perls, creador de la terapia Gestalt; Virginia Satir, terapeuta familiar y Milton Erickson, hipnoterapeuta.

Adicionalmente han existido otros aportadores al crecimiento y desarrollo de la PNL, como es el caso de Gregory Bateson, antropólogo británico con su contribución para el desarrollo de los niveles neurológicos.

PNL se basa en la identificación de modelos de personas sobresalientes en diferentes campos, para luego replicarlos en otras personas o campos. También puede aplicar el auto modelado, esto es, aplicar a nosotros mismos una serie de comportamientos, que nos han dado resultado en un campo determinado y los replicamos en otro campo que necesitemos. Las investigaciones y descubrimientos de Grinder y Bandler, los fueron depurando hasta desarrollar modelos que luego fueron empleados hasta nuestro tiempo en la comunicación efectiva, cambio personal, aprendizaje acelerado y para mejora de la calidad de vida.

Actualmente es una herramienta, técnica y metodología muy usada en el campo de la educación, la salud, empresa, deporte, espectáculo, desarrollo personal y el tema que nos ocupa, el coaching.

La PNL se basa en algunos principios como los que menciono a continuación:

- El mapa interior es único, pero el mapa no es el territorio, cada persona tiene su mapa y no hay dos mapas iguales.
- El mejor mapa es el que ofrece más de un camino para una necesidad o problema, PNL es el arte de las opciones, es el beneficio de las opciones, todos los problemas tienen solución
- Todo comportamiento tiene atrás de sí, una intención positiva, se requieren nuevas conductas para conservar la intensión positiva, migrando hacia un comportamiento deseable.
- Cada experiencia tiene una estructura, cuando cambia la estructura, cambia la experiencia o resultado.
- Toda persona tiene los recursos para resolver cualquier situación o tiene acceso a ellos.
- El cuerpo y la mente forman parte del mismo sistema, se complementan y se apoyan mutuamente.
- No existen fracasos, solo resultados, esto quiere decir que podemos encontrar otras formas si queremos resultados diferentes y en el proceso, valiosas experiencias.

He encontrado particularmente útil en PNL aplicada a los procesos de coaching, los siguientes conceptos:

Canales de comunicación

Toda persona cuenta con los canales visual, cenestésico y auditivo para su comunicación con el entorno y como estructura de comunicación interna. Los canales olfativo y gustativo los incluimos en el cenestésico. Conocer este tipo de comunicación nuestra o de nuestros clientes en procesos de coaching, nos ofrece pistas sobre la forma y canal de comunicación que se está usando. Conocer la forma de los movimientos oculares y su significado tanto para crear situaciones nuevas, como para recordar pasajes anteriores, nos ayuda también a conocer estrategias de nuestros interlocutores (clientes) y así de esta manera los podemos apoyar.

Rapport

El rapport es el proceso mediante el cual dos o más personas (cliente y coach, por ejemplo) están en sintonía psicológica y emocional, generando entre si la empatía necesaria para poder colaborar en el propósito de alcanzar objetivo u objetivos satisfactorios para el cliente. A través de este estado se favorece la actividad de coaching y la colaboración.

Una vez establecido el rapport, el coach estará en condiciones de apoyar a su cliente de mejor manera y en un clima de confianza, a alcanzar sus objetivos. Es importante que el coach esté calibrando el estado en que se encuentra el cliente para poder apoyarlo en todo momento. Si nota al cliente desenfocado puede probar a través de rapport para integrarlo con toda su atención al proceso. La calibración es un recurso recurrente que favorece el proceso de coaching del cliente.

Visualización

Otro recurso de mucha utilidad es el de la visualización, esto significa que nuestro cliente viva por anticipado el futuro de una situación deseada. Nuevamente recurrimos a los canales de comunicación visual, cenestésico y auditivo para que el cliente pueda ver, sentir y escuchar el nuevo escenario que está creando. Es un medio muy eficaz para generar una visión empresarial compartida, por un equipo de directivos. En el ejercicio de coaching, ayuda a visualizar por anticipado el alcanzar el objetivo y la meta deseados por parte del cliente. Conducir y ayudar a que el cliente aprenda esta habilidad le puede ser de utilidad en el futuro, sin necesidad de que genere una dependencia del coach.

Colapso de anclas

Las anclas son estados psicológicos que se estimulan a través de factores externos tales como imágenes, sonidos o sensaciones, por ejemplo, olemos un pino y nos remonta a la época navideña, vemos una fotografía antigua y nos remonta a nuestra niñez, algunas canciones nos pueden hacer recordar la adolescencia o la juventud. Todo eso está bien, pero los recuerdos pueden ser positivos o negativos, sería fabuloso que todas las anclas nos estimularan solo situaciones positivas, pero no es así.

Una persona puede tener un ancla negativa que le impide desempeñarse con eficacia en su trabajo, por ejemplo, la mirada o la voz de un compañero o superior, le pueden disparar el recuerdo de algún profesor o familiar que le trae malos recuerdos y que lo paraliza para actuar.

Superar un ancla negativa mediante la implantación de anclas positivas es lo que en PNL se denomina colapso de anclas y el proceso que se sigue es el siguiente: primero se ancla el estado negativo, posteriormente se ancla un estado positivo que produzca un escenario deseado, después se disparan ambas anclas, creando un estado de confusión momentáneo y un nuevo estado favorable. Este recurso es muy útil para superar estados limitantes que le impiden al cliente alcanzar sus objetivos.

Línea del tiempo

Hay dos aplicaciones de esta herramienta: una rememorada desde el presente hacia el pasado, para resolver una situación negativa mediante la identificación y provisión de recursos y que la situación sea reeditada hacia un aspecto favorable para el cliente y su desempeño; otra es hacia el futuro donde se crea un escenario favorable desde el presente para alcanzar objetivos y metas deseables, estableciendo las actividades una vez identificado el escenario deseable. Esta última aplicación es sumamente utilizada en los procesos de coaching para apoyar a que el cliente alcance sus objetivos. Usualmente esta aplicación permite tanto al cliente como a su coach, la planificación del objetivo deseado. Una parte posterior sirve para apoyar al cliente en su aplicación y seguimiento y porque no decirlo, en su propia replanificación, en caso necesario.

Metáfora

Es finalmente dentro de PNL, un recurso más para colaborar con el cliente y hacerse su cómplice en la dirección de obtener el éxito pretendido. Consiste en crear una historia que tenga la misma forma del mensaje que el coach quiere mandar a su cliente para que lo reciba en forma inconsciente, ante una resistencia consciente. Existen diversos estilos y formas para realizar metáforas, el tiempo que invierta el coach en aprender el arte de hacer metáforas, le va a redituar grandes recompensas y sobre todo a sus clientes.

Para finalizar mencionare otros recursos de apoyo para la actividad de coach en el marco de PNL: descripción múltiple de la realidad 1ª, 2ª, 3ª y 4ª persona, gimnasia cerebral, Gestalt, análisis transaccional, etc. El análisis transaccional en particular es muy útil para identificar los *estados de yo* que utiliza el cliente, durante el proceso de coaching. Es indispensable que tanto el cliente como el coach, trabajen desde el adulto, en procesos de comunicación correctos, de otra manera el proceso corre el riesgo de fallar.

Niveles Neurológicos y su aplicación a la organización.

El concepto de niveles neurológicos fue desarrollado por Robert Dilts, basado en las aportaciones de Gregory Bateson sobre los niveles lógicos de aprendizaje. Desde mi perspectiva representa un importante apoyo a la Programación Neurolingüística y por su relevancia quiero darle una explicación por separado. Se utiliza para entender y para resolver problemáticas relacionadas con el dónde y cuándo, qué, cómo, por qué, quién y para qué de las situaciones en la persona, departamento o en la organización.

Podemos decir que si hay un problema en cualquier circunstancia de la empresa y si esta situación es diferente a lo que queremos, entonces tenemos una incongruencia y aquí es donde el conocimiento acerca de los niveles neurológicos puede ser de ayuda.

Existe lo que se denomina la técnica de alineación de niveles neurológicos, para eliminar dicha incongruencia y consiste básicamente en recorrer los niveles neurológicos de menor a mayor para tener comprensiones acerca de la desviación, posteriormente se recorre de mayor a menor hasta retornar al medio ambiente o entorno con los niveles anteriores alineados, con lo cual los resultados posteriores estarán en mayor congruencia.

Los niveles neurológicos son los siguientes de menor a mayor profundidad:

Medio ambiente o entorno: se refiere a las condiciones de disposición física de las cosas, clima, etc. en que la persona o grupo están inmersas con relación a determinada actividad.

Conducta: son los comportamientos, mediante acciones y reacciones físicas a través de los cuales nos relacionamos con las demás personas y con el entorno. Un comportamiento adecuado puede modificar el entorno si este es inadecuado.

Capacidades y habilidades: son las estrategias, conocimientos y experiencias al servicio de una actividad específica, con frecuencia estos recursos modifican comportamientos y conductas.

Creencias y valores: son el permiso y motivación que nos damos a nosotros mismos para alcanzar determinados objetivos o, por otro lado, son las explicaciones o pretextos que ponemos para no alcanzarlos. Creencias y valores adecuados pueden modificar o potenciar ciertas capacidades y habilidades para el logro de nuestros objetivos y metas.

Identidad: es la percepción que tenemos de nosotros mismos y de cómo esta percepción nos permite tener un sentido de propósito y misión, alineando ante sí creencias, capacidades y comportamientos en determinado entorno.

Espiritual: es el nivel neurológico más profundo, que está más allá de nosotros mismos en un todo o Mente Mayor del que todos formamos parte. A nivel organizacional se refiere a algo superior a nuestro propio autointerés.

A manera de cuestionamientos podemos, aplicar el concepto de niveles neurológicos en nuestra organización, recorriendo cada nivel, comprendiendo y tomando conciencia de desviaciones para su posterior corrección:

<u>Medio ambiente:</u> el entorno y el interior de la empresa.

¿El medio ambiente actual es adecuado para el desempeño de tu organización?

¿Las personas, las instalaciones y los recursos materiales son los adecuados?

¿El mercado al que se dirige tu empresa es el adecuado?

<u>Conductas:</u> actitudes personales congruentes entre el personal de tu organización.

¿La conducta propia y la de los demás miembros de tu organización son las correctas?

¿Los responsables de las diferentes áreas se conducen con propiedad?

<u>Capacidades y habilidades:</u> capacidad para cumplir los compromisos individuales y organizacionales.

¿Los roles se desempeñan de acuerdo con lo esperado?

¿El personal está capacitado para la realización de las responsabilidades asignadas?

¿La capacidad y habilidad de la organización en general es apta para lo que sus clientes esperan de ella?

<u>Creencias y valores:</u> valores y creencias compartidas por el personal.

¿Qué creencias tienes respecto al potencial de tu organización y en general al tipo de creencias que existen entre el personal de tu empresa y las personas que tienen relación con tu organización tal como clientes, accionistas, proveedores y la comunidad?

<u>Identidad</u>: misión, incluyendo la interrelación con todas las partes interesadas en la empresa.

¿Qué es lo que identifica a tu organización?

¿Cuál es la razón existencial de tu empresa?

¿Cuál es la misión de tu empresa?

¿Existe una comunión con esa misión entre la mayor parte del personal?

<u>Espiritual</u>: filosofía organizacional, motivo existencial superior, que le da trascendencia.

¿Cuál es la filosofía de tu empresa, cuál es su visión?

¿Cuál es el motivo de existencia de tu empresa superior al autointerés?

¿Cómo está relacionada tu organización a un Todo Superior a sí misma?

Creatividad e innovación.

Tener disponibles técnicas de creatividad e innovación es también un buen apoyo para los clientes de coaching, encuentro alguno como lluvia de ideas, imaginería y pensamiento irradiante. La lluvia de ideas y la imaginería son ampliamente conocidas y no buscare abundar en estos temas.

El pensamiento irradiante es una técnica desarrollada por Tony Buzan y la muestra en su libro de los mapas mentales. Consiste en lo siguiente: identificar una palabra relacionada con el tema que quiere explorar, por ejemplo, clientes, después identificar 10 palabras que tengan que ver con clientes, posteriormente colocando al centro la palabra clientes, coloca cada una de las 10 palabras alrededor del centro como irradiando del centro hacia afuera, enseguida para cada una de las 10 palabras identifica 10 palabras relacionadas con cada una de ellas y de la misma manera las coloca irradiando de cada palabra. De esta manera tendremos un conjunto de palabras con clientes al centro y que luego conforman un conjunto de 111 palabras.

Después, partiendo del centro hacia afuera crea un conjunto de tres palabras: cliente, la siguiente palabra puede ser ventas y la tercera servicio. Con estas tres palabras cliente-ventas-servicio generamos una idea que puede tener sentido para establecer una estrategia para por ejemplo incrementar las ventas mediante la provisión de un servicio superior al cliente.

De esta misma forma se pueden crear un conjunto de tríadas de palabras cada uno con sus posibilidades, algunas tendrán sentido y otras simplemente se desechan. Yo lo encuentro particularmente útil para generar ideas creativas e innovadoras, enfocadas en este caso al cliente o al tema de interés de nuestro cliente de coaching.

Atención plena.

Mindfulness o atención plena es una serie de herramientas, técnicas, prácticas o actividades que permiten tanto al coach como al cliente, la capacidad para estar en el aquí y ahora con la capacidad consciente a tono, para obtener de ambos lo mejor, durante el proceso de coaching. Se espera de nosotros los coaches el desarrollo de la presencia en el aquí y ahora, compenetración, empatía, escucha activa, etc., durante nuestra actividad del proceso de coaching.

De la misma manera, trabajar con un cliente abrumado, estresado, cansado, sin tiempo, etc. representa un verdadero desafío para ambos.

Algunos ejercicios de atención plena son meditación, caminata consciente, comer conscientemente, retiro, yoga, cánticos, oración, entre otros.

Algunos beneficios de la práctica de atención plena tanto para el cliente como para el coach son: para estar más presente en el momento, para prevenir el estrés, para incrementar el enfoque, para estar más relajado, equilibrio entre vida y trabajo, para ser más perseverante, etc.

Aun cuando no es una práctica muy aplicada de los coaches con sus clientes, es algo que puede representar mayor rendimiento en las sesiones de coaching y considero que va a ser una práctica que llegó para quedarse, la recomiendo ampliamente.

Enfoque sistémico de la organización.

Cuando trabajamos el proceso de coaching desde un enfoque sistémico estamos implícitamente haciendo lo siguiente: trabajando con información sistémica y para el beneficio de todo el sistema, se trabaja con los principios de las conciencias personal, colectiva y del Espíritu Mayor del que todos formamos parte, se observan las posiciones y se acepta lo hecho como está.

El coaching sistémico consiste en desenredar las intrincaciones del sistema del cliente.

Los principios del coaching con enfoque sistémico son los siguientes: **se trabaja con sistemas**, por ejemplo una familia es un sistema, una empresa también lo es, una dependencia de gobierno, una universidad, ciudad, etc.; **nuestra observación es fenomenológica**, es decir, sin juzgar, sin evaluar, con mente abierta; **el cambio comienza con reconocer las cosas como son**, este es uno de los movimientos más curativos en los sistemas; **los problemas del sistema son la solución** y esto no necesariamente significa que sean la solución para el cliente, son la solución para el sistema del cliente y finalmente; **los mecanismos de supervivencia**, la del individuo, la de todo el sistema y de la sociedad como un todo.

Entendiendo y aplicando lo anterior nos pondrá a modo para encontrar la solución sistémica. Esta información muy básica para tratar el enfoque sistémico del coaching es solo una pequeña mirada a un gran movimiento que está en pleno desarrollo a nivel mundial iniciado por Bert Hellinger con el tema de constelaciones familiares y organizacionales, especialmente en aquello que involucra un desajuste del orden interno de la organización de que se trate.

Resumen

En este capítulo buscamos presentar a los lectores un bagaje de recursos con los que puede contar como coach de organizaciones, para proporcionar a sus clientes: personas, equipos u organizaciones, las más importantes contribuciones conocidas hasta al momento, para resolver sus problemáticas, alcanzar sus objetivos o desarrollos, desde la perspectiva del coaching organizacional sistemático, en sinergia con otras formas de coaching, en interacción coherente.

Puntos para considerar

- El coaching organizacional sistemático propone soluciones que sean las adecuadas para la organización y no para personas o grupos de personas con intereses afines, con el entendimiento de que si es adecuado a la organización como un todo es adecuado para todas las partes interesadas.
- Conocer los recursos disponibles y su aplicación en apoyo del cliente y su organización.
- Definición del alcance de la intervención.
- Profundización en herramientas y metodologías.

- Determinar si el problema o el tema tiene implicaciones de nuevos conocimientos, estructura, niveles neurológicos, sistémico, etc., para proveer el apoyo más adecuado.

Resultados

- Descripción de recursos para apoyar los procesos de coaching organizacional.
- Elementos básicos para profundizar en su conocimiento y aplicación.

5

PLANEACIÓN ESTRATÉGICA ORGANIZACIONAL

La primera actividad del proceso de coaching organizacional sistemático es la planeación estratégica y consta de una serie de acciones, cuyo propósito es establecer de una forma sistemática, la dirección que va a tomar la organización como guía para cumplir con su misión y buscar alcanzar la visión que se ha propuesto al mediano o largo plazo.

El encontrar un sentido de dirección adecuado, le permitirá a la empresa, orientar el esfuerzo organizacional en aquellas actividades que le reditúen los mejores resultados.

Es una forma de dar en el blanco en lugar de tirar en cualquier dirección y no sabemos con qué resultados.

Es el producto de un análisis interno y externo de sus actividades empresariales, basados en evidencias que puedan darse como ciertas. En cuanto más real sea la información, más reales serán las conclusiones que se obtengan de ella.

Una vez realizada la planeación estratégica, la empresa contará con la información, experiencia y las herramientas para determinar la dirección estratégica a tomar, dada su situación actual, para conducirse en forma certera en sus actividades internas, externas y en sus relaciones institucionales y tomando en cuenta la situación a la cual desea encaminarse, para estar en armonía con su misión, visión, creencias y valores organizacionales.

La Planeación Estratégica es una herramienta necesaria en las organizaciones como una brújula lo es en la navegación marítima, o el plan de vuelo en la aviación.

Los grandes corporativos y la mayor parte de las empresas grandes y medianas llevan a cabo en forma periódica, procesos de planeación estratégica, con el fin de determinar el rumbo o dirección a tomar para alcanzar sus metas globales.

Este proceso lamentablemente no es llevado en algunas de las empresas medianas, en la mayor parte de las empresas pequeñas y en casi la totalidad de las microempresas, trayendo como consecuencia incertidumbre e impredecibilidad sobre el rumbo que tomará la organización.

Aún en las organizaciones donde se llevan a cabo procesos de planeación estratégica, en algunos casos los resultados de esta no son trasladados hacia los diferentes niveles de la organización por diversas razones, incluyendo la falta de sensibilidad para determinar la pertinencia y la importancia de estas actividades en sus funciones por los empleados de los diferentes niveles.

Lo anterior se traduce por un lado en decepción y en algunos casos hasta frustración por parte de los directivos o accionistas de las organizaciones y, por otro lado, en incertidumbre o desinformación por parte de los empleados, al no lograrse con plenitud los planes establecidos.

La relación que guarda el empleado con la planeación estratégica de la organización depende de la función que desempeña dentro de la misma. Si el empleado es directivo, accionista o dueño de la empresa, sin duda alguna su función ante este proceso es de vital importancia, ya que es el responsable de convocar, planear, conducir, participar y enlazar los resultados de la planeación a los niveles pertinentes, ya sea con responsabilidad directa o compartida. Este grupo de personas son responsables de establecer el "qué" con relación a la dirección que va a tomar la organización.

Por otro lado, los empleados del siguiente nivel tienen la responsabilidad de determinar el "cómo" implementar las acciones necesarias para llevar a cabo las directrices y objetivos derivados de la planeación estratégica.

Es decir, los directivos, accionistas o dueños de las empresas establecen el "qué" y los empleados del siguiente nivel planean e implementan el "cómo" previa autorización de sus superiores.

En empresas micro, pequeñas y en algunas medianas las actividades del "qué" y el "cómo" las asumen las mismas personas, por la dificultad de contar con personal que las realice.

En todos los casos tanto las actividades de planeación estratégica, como las actividades derivadas de ella, son necesarias para determinar y construir el rumbo establecido en la organización.

Lo anterior se puede ver sintetizado con la siguiente figura:

Proceso de Planeación Estratégica

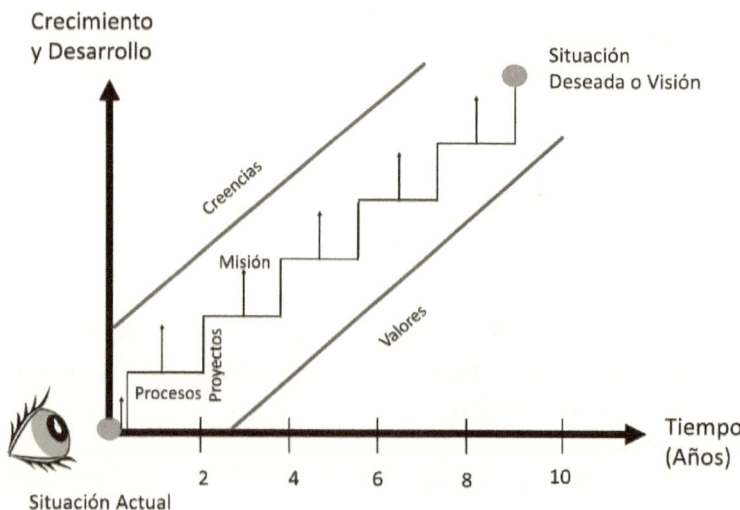

Figura 3: elaboración propia

Partiendo del momento actual, al que llamaremos tiempo cero, identificamos la situación actual. A donde queremos llegar en determinado tiempo lo llamaremos la visión o situación deseada. El eje horizontal representa el tiempo y el eje vertical, el crecimiento y desarrollo empresarial.

La visión la colocamos en el tiempo que nos hemos puesto como límite en nuestra organización y cruzando con el punto de lo que queremos crecer y desarrollar a nuestra empresa.

A la unión de los puntos de la situación actual a la situación deseada la simbolizamos con una escalera, donde a las líneas horizontales les corresponden las actividades empresariales que le permiten cumplir con su misión, es decir, los procedimientos y actividades funcionales para cumplir con los procesos de operación y de apoyo en la empresa y, a las líneas verticales les corresponden las actividades empresariales que le permiten avanzar hacia su visión, esto es, los proyectos o procesos de mejora que le permiten a la empresa ir en pos de su crecimiento y desarrollo.

En conjunto ambas actividades que integran un escalón van en la dirección estratégica que apunta hacia la visión desde determinada situación actual inicial o intermedia.

Finalmente, los barandales que marcamos en la figura representan nuestras creencias y valores empresariales que son vitales en nuestra cultura organizacional. Estos barandales representan para la empresa y sus integrantes una salvaguarda para llegar a la visión a salvo y no a cualquier precio.

El proceso de Planeación Estratégica Organizacional

Existen muchas formas de llevar la planeación estratégica dependiendo del tamaño, tipo y cultura organizacional, todos ellas son esfuerzos respetables que las organizaciones emplean para proveerse de sentido de rumbo y para retroalimentar su actuación y desempeño.

Si la organización no ha establecido en el pasado ningún proceso de planeación estratégica, es importante llevar a cabo las siguientes actividades para implementarlo de una manera ordenada, si la organización ya lo lleva a cabo, este listado le puede servir de referencia comparativa:

- Contexto de la organización.
- Misión.

- Visión.
- Creencias y valores.
- Estructura de organización.
- Productos y servicios.
- Análisis interno.
- Análisis externo.
- Análisis de factores internos y externos.
- Evaluación del cumplimiento con misión, visión, creencias y valores.
- Avance estratégico.
- Dirección estratégica.
- Evaluación y retroalimentación del ciclo anterior.

Contexto de la organización.

Mucho de lo contenido en el modelo de negocio mencionado en el capítulo 2 y en el Modelo COS Coaching Organizacional Sistemático® del capítulo 3, se van a considerar en esta sección, ya que es justo en el contexto de la organización donde se puede incluir lo relativo a las entradas del modelo de negocio, es decir, lo que tiene que ver con el mercado y la actividad empresarial a la que se dirige la empresa y sus objetivos y metas globales. De la misma manera en el modelo de coaching se va a considerar como entrada para el proceso de planeación estratégica, las necesidades y expectativas de las partes interesadas que son pertinentes a la organización en el alcance estratégico.

Es de suma utilidad hacer una descripción de la empresa: su fundación y fundadores, actividad empresarial en la que está inmersa, su mercado, competencia superior e inferior, productos y servicios, mercado meta, clientes, retos internos y externos a los que se enfrenta y un análisis de necesidades y expectativas de partes interesadas que le son pertinentes; clientes, empleados, accionistas o propietarios, proveedores y dependencias de gobierno.

con las que se tenga relación laboral por la actividad empresarial a la que se dedica.

Misión.

Para desarrollar una misión organizacional he encontrado que los siguientes factores resultan ser sumamente útiles, de nuevo, seguramente habrá muchos estilos y formas para desarrollar una misión: **clientes** a los que se dirige la empresa, lo que constituye su mercado meta; **necesidades** a satisfacer de ese mercado, entre mejor identifique la organización esas necesidades, más fácil será satisfacer a esos clientes con productos y servicios adecuados; **productos y servicios** para satisfacer esas necesidades, los cuales deben estar perfectamente definidos en términos de características o cualidades, especificaciones y funcionalidad; el **factor competitivo**, es decir, lo que lo distingue de la competencia y permite ser la mejor opción para sus clientes y lo que los protege de la competencia.

Una vez definidos estos factores, lo que corresponde es plasmarlos en una frase que resulte atractiva e ilustrativa tanto para sus clientes, como sus empleados, proveedores y resulte de satisfacción y orgullo para los accionistas o propietarios.

Visión.

Por otro lado, crear una visión empresarial es la herramienta más importante que le servirá de brújula en la organización para su crecimiento y desarrollo. Una empresa que trabaja en su visión es una empresa proactiva, ya que sus esfuerzos del día con día incluyen no solo cumplir con su razón de ser plasmada en su misión, sino también en un esfuerzo deliberado por la mejora en su más amplia acepción.

Para llevar a cabo una visión, considero de suma importancia la participación y compromiso del personal directivo al más alto nivel, porque son los responsables de definir los procesos estratégicos que le permitirán a su organización la permanencia y trascendencia institucional. Pertenecer a este grupo de personas no es un privilegio en sí, sino una tremenda responsabilidad.

Remito al lector al capítulo 4, Proceso de Coaching en la herramienta de visualización, que básicamente consiste en generar escenarios en forma visual, cenestésica y auditiva (lo que quieren ver, sentir y escuchar), de cómo quieren que esté su empresa en determinado número de años, a partir de la situación actual. Particularmente me gusta decirles a mis clientes que levanten la vista a 10 años adelante para que en ese lapso pongan escenarios ambiciosos, con la confianza de que hay tiempo para lograrlo, pero dejo en ellos el tiempo para conquistar su visión. Lo que me he encontrado como común denominador en la preferencia de los clientes son 5 y 10 años. Como se trata de una visión compartida entre el personal directivo de la organización, con los diversos escenarios se hace un resumen de las aportaciones compartidas y de este resumen se redacta una frase que contenga a esos escenarios, a lo que llamamos la visión organizacional, misma que debe ser compartida a todo nivel de organización y establecer un compromiso colectivo para conquistarla.

Creencias y valores.

En esta etapa de la planeación estratégica es importante compartir a manera de metáfora la figura 3, donde a las actividades horizontales como ya lo mencioné antes, les corresponden los procesos que le permiten cumplir con la misión de la empresa, a las actividades verticales les corresponden los proyectos y mejoras que le permiten encaminarse hacia la visión y a los barandales les corresponden las creencias y valores que son las protecciones que como organización se tienen para alcanzar la visión, cumpliendo ésta en el tiempo preestablecido.

Sin querer profundizar demasiado en el tema, el proceso para identificar las creencias y valores puede darse en un consenso en la organización y que sea reflejo de la cultura de trabajo de la empresa. Una manera es que los directivos hagan un sondeo entre el personal a su cargo y lo lleven a las juntas de planeación estratégica para realizar una síntesis.

A manera de ejemplo es importante mencionar lo que serían las creencias organizacionales:

Empresa fuerte: "Una empresa fuerte nos beneficia a todos"

La mejora: "La mejora es nuestra forma de vida"

Desempeño: "El estándar de desempeño es la eficacia"

Tanto las creencias como los valores y la forma en que se conduce la gente en la organización se le denomina la cultura organizacional, como lo muestra esta definición: Cultura Organizacional es el conjunto de creencias, hábitos, valores, comportamientos y tradiciones entre los grupos existentes en toda organización.

Estructura de organización.

Las actividades básicas para representar la estructura de organización son el organigrama general y por áreas de la empresa y las responsabilidades funcionales de esas actividades para los puestos existentes, así como el perfil a cubrir de esos puestos. De esta forma se puede revisar si los puestos están cubiertos de acuerdo con perfil y las líneas de autoridad y responsabilidad están bien establecidas.

Productos y servicios.

En esta fase de la planeación estratégica lo que se busca es hacer un análisis de productos y servicios con algunas variables de interés para la empresa, aplicando el Principio de Pareto del 80-20. Ejemplo de información útil para la toma de decisiones es 20% de los productos y servicios más vendidos, 20% de los clientes a los que más factura la empresa, aproximadamente el 80%. 20% de los productos y servicios más rentables, etc., para de esta manera sacar valiosas conclusiones y usarlas de manera estratégica.

Análisis interno.

Este análisis va enfocado a los procesos: de operación y de apoyo. Los procesos de operación son aquellos denominados procesos de negocio, los cuales se enfocan en las actividades que son esenciales para la empresa; los procesos de apoyo son los que permiten que los anteriores puedan ser llevados a cabo, pero no están relacionados directamente con los productos y servicios.

En ambos casos lo que se busca es determinar el desempeño de estos para determinar su eficacia en cumplir con sus indicadores.

Encuentro de utilidad identificar si esos procesos de operación están documentados, sus variables críticas para las especificaciones del producto y servicio están identificadas y controladas, si están implantados y si son efectivos en el cumplimiento de lo que se espera de ellos.

Un análisis más profundo permite identificar áreas de oportunidad con relación a los procesos, procedimientos, responsabilidades, infraestructura y en general, las capacidades de la empresa para cumplir con sus indicadores. El análisis anterior, permite a la empresa identificar sus fortalezas y debilidades.

Análisis externo.

Por otro lado, un análisis externo enfocado en los productos y servicios permite a la organización, información importante acerca del comportamiento de dichos productos y servicios en el mercado.

Un estudio de competitividad de los productos y servicios de la empresa y los de la competencia directa en términos de calidad, precio, oportunidad y atención al cliente, arrojan la información necesaria para identificar las oportunidades y amenazas de la empresa y de su competencia, respectivamente. Las debilidades de la competencia son las oportunidades para la empresa y las fortalezas de la misma competencia constituyen sus amenazas y viceversa.

Análisis de factores internos y externos.

Una forma adicional de identificar oportunidades y amenazas es considerar los factores internos y externos que impactan en el desempeño de la organización.

Entre los factores internos podemos identificar los siguientes: la estrategia empresarial; las partes interesadas en la empresa que pueden influir en su desempeño; el proceso, producto o servicio y su desempeño; el personal en cuanto a su competencia, desempeño e implicación con la empresa, la disponibilidad de información útil y veraz, el desempeño del negocio en términos financieros, de satisfacción del cliente y de partes interesadas que sean pertinentes para el negocio y; la capacidad de liderazgo del personal, especialmente en los niveles directivo y administrativo.

Los factores externos incluyen: la política gubernamental que impacta en la organización; la proveeduría, su disponibilidad y precio de insumos; el entorno físico; el factor económico y su influencia en la empresa; la comunidad en donde se desenvuelve la empresa; la tecnología y su adquisición y carencia; la competencia y sus fortalezas y debilidades, entre otros como los más importantes a considerar.

Es particularmente útil realizar una matriz de amenazas y oportunidades cruzando los factores internos con cada uno de los factores externos, analizando y ver de qué manera la interacción entre estos factores constituye una amenaza o una oportunidad para la empresa y así, hacer más completo el análisis.

Evaluación del cumplimiento con misión, visión, creencias y valores.

Para finalizar el análisis de la información, proponemos realizar adicionalmente una evaluación al cumplimiento con la misión, el grado de avance con la visión, el apego del personal con las creencias y los valores organizacionales. El resultado de este análisis puede formar parte de un programa de difusión de la cultura organizacional.

Avance estratégico.

Es realizar un resumen que incluya por un lado las fuerzas y debilidades identificadas en el análisis interno con los procesos de operación y de apoyo, cumplimiento con la misión, visión, creencias y valores y por otro lado las amenazas y oportunidades derivadas del análisis externo de productos y servicios y los de la competencia y, por otro lado, la información proveniente del análisis de factores internos y externos en interacción.

El propósito de este avance es ver la incidencia de los riesgos que debemos eliminar o minimizar y las oportunidades que podemos capitalizar en la empresa.

Dirección estratégica.

La información anterior comparada con la misión, visión, creencias y valores de la empresa, permiten determinar el grado de cumplimiento con esta definición de organización. El cumplimiento o incumplimiento con la definición de organización determina la dirección estratégica a seguir para enfocar el rumbo y obtener lo que se desea en la organización.

La misión de la empresa y su despliegue a todos los niveles de la organización determinan su deber y el de las personas que participan en ella, lo cual, al cumplirse le da permanencia a la empresa en el entorno en el que se desempeña. Su incumplimiento pone en riesgo la estabilidad y continuidad de la empresa. La visión de la empresa le permitirá trascender en el futuro en la forma en que fue proyectada, permitiendo así la construcción de su futuro, desde el tiempo actual hasta la proyección establecida. Los directivos, accionistas y empleados de la empresa estarán contribuyendo a lograr esa visión futura en la medida que tomen acciones para conquistarla.

La dirección estratégica en si es una serie de declaraciones que le dan sentido de rumbo a la empresa, en aquellos factores que, de cumplirse, habrán de contribuir a lograr la disminución o eliminación de debilidades y amenazas y la capitalización de fuerzas y oportunidades. Posteriormente se procede a establecer responsabilidades por funciones, procesos, objetivos y metas globales para cumplir con la dirección estratégica de la empresa en el rumbo establecido, mismos que serán desplegados en indicadores de procesos y proyectos estratégicos.

Evaluación y retroalimentación del ciclo anterior.

Las responsabilidades asignadas serán la pauta para la planeación y la conquista de los objetivos y metas (indicadores de procesos y proyectos estratégicos) y su evaluación una vez transcurrido el ciclo anual.

La forma de planificación de objetivos y metas, la cual llamaremos planeación operativa, será tratada con mayor amplitud en el siguiente capítulo. La evaluación del cumplimiento con los objetivos y metas del ciclo anterior será una parte de la retroalimentación del proceso de planeación estratégica y operativa.

Una vez conquistados parcial o totalmente los objetivos y metas organizacionales, estaremos en condición de poder depurar el proceso de planeación estratégica y operativa, para hacerlo más efectivo, congruente e impactante en la organización.

¿Cómo podemos darnos cuenta de aquello que debemos cambiar?

- Revisando el proceso de planeación estratégica organizacional y eliminando aquellas actividades que no agregan valor.
- Redefiniendo la misión, visión, creencias y valores, en caso necesario, para orientarlos en la dirección estratégica establecida en la empresa.
- Integrando nuevos procesos o eliminando procesos que no agregan valor en el plano organizacional.

Resumen

Las actividades para la planeación estratégica permiten conocer la situación actual y la situación deseada a nivel macro en la empresa.

El análisis de información interna y externa provee el insumo necesario para evaluar los procesos y actividades en la empresa a nivel de detalle, para identificar sus fuerzas y debilidades y, sus amenazas y oportunidades. La dirección estratégica nos da la pauta a seguir para tomar el rumbo correcto de acuerdo con lo que la empresa tiene visualizado en su crecimiento y desarrollo.

Puntos para considerar

- Fuerzas y debilidades derivadas del análisis interno.
- Amenazas y oportunidades que provienen del análisis externo y del entorno.
- Evaluación de cumplimiento con la misión, visión, creencias y valores.
- Análisis de factores internos y externos en interacción.

Resultados

- La dirección estratégica.
- Objetivos y metas globales de la organización.

6

FORMACIÓN PARA LA TOMA DE DECISIONES

En esta parte vamos a tratar el tema de la toma de decisiones desde un punto de vista formativo y también de una forma práctica como un recurso adicional, para quien va a ejercer la función de coach interno o externo de organizaciones.

Esto le va a permitir al coach y sobre todo a su cliente, la información necesaria para distinguir entre las realidades que permiten tomar las mejores decisiones y las ilusiones que llevan a decisiones inadecuadas. Espero que el cliente, con apoyo del coach, desarrolle los conocimientos y recursos necesarios, para tomar las mejores decisiones que impacten en su organización y apoyar la dirección estratégica definida en el proceso de planeación.

La toma de decisiones como un proceso formativo

Ya sea que seamos conscientes o no, la situación en la que se encuentra en la actualidad nuestra vida profesional y nuestra organización se debe en gran medida a las decisiones tomadas en el pasado.

La situación actual en la empresa es una mezcla de decisiones acertadas y decisiones desacertadas. En la medida que los resultados sean satisfactorios, evidentemente, es en esa medida que han sido acertadas las decisiones.

Por otro lado, existen personas que evaden tomar decisiones para no verse expuestas a fallar, solo que quedarse pasivo es también una decisión, por lo que la decisión que deben tomar, la delegan en otras personas o en las circunstancias. Lo que no se puede delegar es la responsabilidad. Por lo anteriormente dicho podemos concluir que: **¡La toma de decisiones es una responsabilidad ineludible!**

En todos los ámbitos organizacionales: un hospital, una empresa, una institución educativa, una entidad política, el gobierno, etc., las decisiones determinan el rumbo de la vida, negocio, educación, convivencia social y gobernabilidad de una ciudad, estado o nación.

Formarse en la toma de decisiones consiste en convertir la capacidad de decidir en una actitud o habilidad.

Quien se ha formado en la toma de decisiones es capaz de responder a lo siguiente:

- ¿Qué quiero con lo que quiero?: aplicado esto a nivel organizacional lleva a tener conciencia de lo que queremos lograr al tomar cierta decisión. Si decido incrementar las ventas, la acción que lleva a esta decisión me dirige hacia buscar una estrategia de incremento en ventas y me orienta a aplicarme con nuevos clientes o más ventas con clientes actuales. Lo anterior nos centra en la decisión tomada. Una decisión sin acción es mera ilusión.
- Una vez tomada la decisión, definir qué acciones se deben tomar para lograr lo que queremos, cómo saber que lo estamos logrando y qué hacer si no es así.

- ¿Cómo migrar de reacción ante situaciones urgentes en nuestra empresa, hacia una auténtica decisión? Hay tres maneras de responder: generar una respuesta propia ante la necesidad de decidir, generar varias alternativas y escoger entre ellas la más adecuada o decidir eligiendo entre varios métodos de decisión.

- ¿Qué hacer cuando tenemos varias alternativas? Tener una meta respecto a la decisión, establecer criterios para verificar que se ha alcanzado la meta, evaluar las alternativas antes esos criterios, tomar la decisión sobre las alternativas disponibles, tomar acción sobre la decisión y asumir las consecuencias.

- ¿Qué hacer cuando tenemos varios métodos de decisión? Aplicar cada uno y generar las diversas alternativas, para posteriormente evaluarlas ante los criterios para alcanzar la meta y finalmente tomar la decisión sobre la mejor alternativa e implementarla, nuevamente asumiendo las consecuencias de su puesta en marcha.

- ¿Cómo tomamos decisiones efectivas? Una de las más importantes respuestas a esta pregunta tiene que ver con identificar por adelantado los posibles obstáculos y tomar acciones para eliminarlos o minimizarlos, tomando decisiones informadas y asumir las consecuencias de las decisiones y sus riesgos asociados. Otra forma es verlo de manera proactiva, viendo las oportunidades y capitalizarlas convenientemente, durante las acciones implementadas para la decisión.

- Debemos tener conciencia de que nuestras decisiones pueden derivar en aspectos negativos y positivos en la empresa u organización a la que servimos y en última instancia en la sociedad y el Sistema Mayor del que formamos parte. Esto último lo podemos asociar en el nivel espiritual, dentro del marco de los niveles neurológicos, explicados en el capítulo 4. A los aspectos negativos con frecuencia se les llama no ecológicos, para el sistema del que forma parte y a los positivos se les denominan ecológicos, porque aportan valor al sistema del que forma parte.

Metodología práctica para la toma de decisiones

Si la organización se basa en un proceso sistemático, para hacerlo de manera ordenada, como lo sugerimos en este libro, aplica lo siguiente: establecer objetivos contundentes, que contribuyan a mejorar los resultados de la empresa o institución, esto es, objetivos que aporten alto valor agregado a la organización para su permanencia y trascendencia, utilizando la dirección estratégica derivada del proceso de planeación estratégica organizacional.

Una vez identificados los rumbos organizacionales, la empresa debe darse a la tarea de generar ideas creativas para establecer objetivos globales que apuntalen a capitalizar las fortalezas y oportunidades y a minimizar las debilidades y amenazas.

Posteriormente proceder a clasificar los objetivos en operativos o críticos. Siendo los objetivos operativos aquellos que no representan mayor problema en su consecución, solo basta con hacer un plan de actividades calendarizado y con los detalles suficientes para su implementación.

Por otro lado, los objetivos críticos son aquellos que representan un verdadero reto para los responsables de su planeación y de su implementación por alguna o algunas de las siguientes razones: porque son vitales para la permanencia de la empresa, están invertidos grandes cantidades de recursos o expectativas empresariales, se ha intentado en el pasado y no se ha logrado el objetivo, supera la capacidad de la organización para lograrlo de la manera habitual, requiere de un acompañamiento de un coach para conseguirlo, etc.

Una vez puesto en marcha el plan para conseguir los objetivos, si a los que consideramos operativos, se presentan con mayores dificultades de las previstas, los podemos reclasificar como críticos y le damos un tratamiento como tal.

Para poner en marcha los conceptos anteriores procedemos a identificar primero los objetivos, para lo cual recomiendo que para cada elemento de la dirección estratégica desarrollar un proceso creativo como el ya mencionado pensamiento irradiante del capítulo 4.

Lo ejemplificamos de la siguiente manera:

Dirección estratégica:

- Incrementar y diversificar clientes y facturación
- Posicionar nuestra marca
- Modernizar nuestra tecnología
- Etc.

Para el primer elemento de la dirección estratégica podemos tomar la palabra *clientes* y desarrollar el proceso de pensamiento irradiante que ya hemos mencionado antes (ver capítulo 4), para la palabra facturación podemos asociarla con 10 palabras relacionadas y para cada una de estas palabras asociamos otras 10, para lo cual acomodadas del centro hacia afuera, contamos con un arreglo irradiante de 111 palabras, mismas que podemos seleccionar en tríadas y con ese arreglo vemos si desencadena una frase a manera de objetivo que tenga sentido para nosotros como empresa y esté en la línea de la dirección estratégica.

Ejemplo de triada, *facturación-crédito-pago,* una idea que puede ser un objetivo sería: incrementar la facturación de pago de contado con descuentos.

De la misma manera podemos proceder con el segundo elemento de la dirección estratégica con la palabra *marca* y así, sucesivamente hasta terminar con todos los elementos de la dirección estratégica. Al final de este proceso vamos a contar con los objetivos globales derivados de la dirección y planeación estratégica.

Para saber si los objetivos críticos están alineados con la empresa, su situación actual y hacia la situación deseada, les comparto la siguiente tabla para ser aplicada por la persona o el equipo responsable, entonces su tratamiento será en singular o plural, según corresponda:

VERIFICACIÓN DE ALINEACIÓN DE OBJETIVOS CRÍTICOS

Objetivo Crítico:

Responsable:

Fecha de inicio: Fecha de conclusión:

Factor de verificación	Pregunta	Respuesta: sí o no	Evidencia
Planeación Estratégica			
Dirección Estratégica Organizacional (DEO).	¿El objetivo está alineado con la DEO?		
	¿Este objetivo aporta más valor a la organización?		
Sistema de Creencias			
	¿El objetivo es totalmente deseable y vale el		

	esfuerzo?		
	¿Es alcanzable?		
	¿Los medios para alcanzar el objetivo son apropiados y ecológicos?		
	¿Tenemos las capacidades y habilidades para alcanzarlo?		
	¿Queremos hacernos responsable del objetivo y lo merecemos?		
Guía práctica para Toma de Decisiones			
Análisis Racional	¿Es una necesidad real a diferencia de un deseo?		
	¿Tenemos la información que necesitamos o sabemos cómo obtenerla?		
	¿Conocemos y aprobamos las consecuencias de la obtención del objetivo y las posteriores?		
Decisión intuitiva	¿Estamos siendo honestos con nosotros mismos con relación a que este objetivo será trascendente en la empresa?		

	¿Nos hace sentir bien?		
	¿Estamos dispuestos a enfrentar el miedo, si lo hubiera, para alcanzar este objetivo?		
	¿Sentimos que merecemos alcanzar este objetivo y su meta?		

De esta manera contamos con los objetivos globales de la organización, los cuales los podemos desplegar en indicadores asociados a procesos si son de realización permanente o en proyectos estratégicos, si son de realización única. Los primeros, aportan el valor para cumplir con la misión de la empresa y los segundos, para alcanzar la visión.

Los indicadores de procesos y los proyectos que procedan de objetivos críticos serán tratados mediante procesos de coaching y los que no sean de esta clasificación serán tratados mediante planes operativos.

La organización puede optar con diferentes metodologías para generar sus propios objetivos globales, los cuales una vez desarrollados recomiendo los clasifique en operativos y críticos y los despliegue a indicadores o proyectos estratégicos.

Posteriormente, ya sea que siga la organización la metodología propuesta en este capítulo o su propia metodología, el siguiente paso es proceder a su planificación, de acuerdo con lo que veremos en el siguiente capítulo.

Recomendaciones para tomar las mejores decisiones y para alcanzar tus objetivos y metas.

Para tomar las mejores decisiones: identificar los objetivos y metas organizacionales, para ello es importante tomar en cuenta lo siguiente:

Si eres dueño, directivo o quieres crear un nuevo negocio, requieres realizar el proceso completo de planeación estratégica y tomar como base la dirección estratégica para determinar tus objetivos y metas.

Si estás en el nivel administrativo y en tu empresa no siguen un proceso estratégico, indaga cuáles son los indicadores de tu función o los proyectos estratégicos que te corresponden cumplir y tómalo como referencia para desarrollar tus objetivos y metas.

Si estás en el nivel operativo en una organización, tal vez tu objetivo estaría más en el plano personal o en el desarrollo profesional para buscar un ascenso. Es importante que conozcas la misión, visión y valores de la empresa y las responsabilidades de tu puesto y te asegures de cumplirlos desde tu función.

Resumen

Importantes factores de retroalimentación para la mejora continua en la toma de decisiones son los siguientes:

- Dirección estratégica bien establecida.
- Utilización adecuada del pensamiento racional y de la intuición.
- La toma de decisiones es un proceso formativo y hay que estar conscientes de ello y de la manera en que impactan en

la organización y en las partes interesadas, las decisiones que se tomen.

- La metodología para generar y seleccionar las alternativas y los posibles objetivos globales de organización.
- La clasificación de objetivos globales en operativos y críticos.
- El despliegue de los objetivos en indicadores de procesos y en proyectos estratégicos.
- La decisión de manejar lo anterior mediante planes operativos o mediante un proceso de coaching.

Puntos para considerar

- A medida que en la organización se toman decisiones basadas en deseos y no en necesidades reales, se crea un vacío y un sentido de frustración.
- Es conveniente preguntar que predomina en nuestra organización, los deseos o las necesidades reales.
- Conforme vamos cubriendo las necesidades reales, las nuevas necesidades que van surgiendo se encuentran en el plano del crecimiento y desarrollo.

Resultados

- Objetivos globales de organización.
- Clasificación de objetivos en críticos y operativos.
- Despliegue de objetivos globales en indicadores de procesos y proyectos estratégicos.
- Indicadores de procesos apoyados con coaching o con planes operativos.
- Proyectos estratégicos apoyados con coaching o planes operativos.

7

PLANEACIÓN DE OBJETIVOS

Finalmente llegamos a la actividad de planificación de los objetivos identificados ya sea en forma de indicadores y proyectos estratégicos críticos o ya sean en forma de objetivos y proyectos estratégicos operativos. En esta etapa del modelo planificaremos los dos tipos de objetivos, los operativos y los críticos.

PLANEACIÓN DE OBJETIVOS OPERATIVOS

Como ya mencionamos anteriormente, se denominan **objetivos operativos** a aquellos que no representan mayor dificultad para cumplirlos y solo requieren de un plan de trabajo con todos los factores Involucrados. Incluye las siguientes actividades:

- Título o nombre del objetivo.
- Meta del objetivo.
- Unidad de medida.
- Fuente de referencia.
- Justificación.
- Recursos adicionales.
- Anexos.

- Plan de trabajo: Actividades y su descripción.
- Programa de actividades o calendario.
- Seguimiento y conquista del objetivo y meta.

Título o nombre del objetivo.

Es hacer una redacción de lo que queremos lograr a través del objetivo, por ejemplo: *desarrollar un nuevo producto dentro de las líneas existentes, para utilizar la misma infraestructura.*

Meta del objetivo.

Es el resultado esperado una vez que el objetivo se haya cumplido en su totalidad, siguiendo con el ejemplo: *Para un período de tiempo de seis meses máximo, tener el prototipo, las pruebas de calidad, una producción piloto y tiempos de producción y costos.*

Unidad de medida.

Es la forma en que podemos medir el resultado de las actividades del objetivo, ejemplo: *número de informes de las actividades realizadas a satisfacción del resultado planificado.* Si el resultado es tener prototipo, *sus especificaciones,* en pruebas de calidad, *los reportes*, en producción piloto, *los resultados de la producción con sus registros*, tiempos y costos de producción, los *informes y sus respaldos.*

Fuente de referencia.

Son en sí los registros que muestran evidencia objetiva de la realización de las actividades, en nuestro ejemplo, serían *los informes* mencionados en el párrafo anterior.

Justificación.

Son todos los argumentos a favor del objetivo y que demuestran su factibilidad y su necesidad de realización. Siguiendo con el ejemplo utilizado, podría ser:

El producto por desarrollar completa la línea de productos que entregamos a clientes.

Nos daría posicionamiento con una gama de productos más integral.

Podemos utilizar la infraestructura actual con cero o mínima inversión.

Utilizaríamos capacidad instalada ociosa, etc.

Recursos adicionales.

Es la necesidad de recursos adicionales a lo que ya se tienen en la organización para poner en marcha y alcanzar los resultados de este objetivo, en este caso podría ser necesidades de *insumos para el nuevo producto, personal, requerimientos de control de calidad, energía, etc.*

Anexos.

Son los documentos que respaldan el objetivo en su planificación, por ejemplo, facturas de insumos, requerimientos de empaques, dibujos, costos, gastos publicitarios, equipo, etc.

Plan de trabajo: Actividades y su descripción.

Son las actividades, recursos, responsables y resultados de cada actividad, como se muestra a continuación:

Esto quiere decir que queden definidas las actividades con nombre y descripción, de tal forma que les permita establecer claramente el qué y cómo se va a realizar cada actividad.

Los recursos incluyen todo aquello que se va a usar en cada una de las actividades, los que se tengan y los que no se tengan, para proceder a su disposición, en el entendido de que todo los que no se tengan se constituyan como los recursos adicionales, mencionados en ese apartado.

En lo relativo a responsables se incluyen a las personas que colaboran en cada actividad y el responsable de la actividad en sí.

En lo que respecta a resultados se identifica en cada actividad cuál es o cuáles serán los resultados de ella. Ayuda mucho ponerlos en términos visuales, cenestésicos y auditivos. Esto último permite tener los canales de comunicación muy abiertos a la consecución exitosa de los resultados de cada actividad, en el entendido de que cada uno de estos resultados aporta a la consecución de la meta y resultados esperados establecidos para el objetivo.

Programa de actividades o calendario.

Siempre que un objetivo se plantea en términos de fechas calendario, lo estamos transformando en un plan más que en un buen deseo. En este caso colocamos el nombre de la actividad y el período de realización, es decir, el rango de tiempo donde inicia y donde termina la actividad. Al concluir la última actividad estamos en condiciones de revisar el cumplimiento del objetivo y su meta respectiva. Con esta actividad queda concluido el plan operativo.

Seguimiento y conquista del objetivo y meta.

Al seguimiento hasta la conquista del objetivo y la meta es lo que llamamos la implementación. En este tipo de objetivos es importante estar al tanto para asegurar que las actividades se han llevado a cabo y los resultados iniciales, intermedios y finales son satisfactorios. El coach debe estar disponible con fechas preestablecidas para apoyar al cliente, de así requerirlo, en el seguimiento y conquista del objetivo y la meta.

PLANEACIÓN DE OBJETIVOS CRÍTICOS

De la misma manera denominamos así a aquellos objetivos que tienen alguna o algunas de las siguientes características, aunado a lo ya mencionado en el capítulo anterior: alto grado de dificultad, aquel que se ha intentado sin éxito en repetidas ocasiones, involucra aspectos delicados de relaciones interpersonales, limitaciones o temores por parte del responsable o responsables de la realización del objetivo.

Para estos casos son necesarias otro tipo de herramientas y técnicas que involucran habilidades especiales, entre las que se encuentran: visualización, Gestalt, creatividad e innovación, pensamiento lateral, dinámica de grupos, socio drama, programación neurolingüística, conciencia plena, enfoque sistémico, etc.

No es tan estructurado como lo mencionado en objetivos operativos, tiene más bien una estructura más sencilla y flexible, apoyado con herramientas, técnicas y metodologías muy poderosas.

Las actividades para considerar son las siguientes, entre otras, que se identifiquen como necesarias:

- Identificación del cliente.
- Antecedentes.
- Objetivo o proyecto estratégico por realizar.
- Meta.
- Intención atrás del objetivo y de la meta.
- Plan de trabajo.

- Tareas para vivir la intención atrás de la meta.
- Experimentar el plan por anticipado.
- Seguimiento y conquista del objetivo y meta.

Identificación del cliente.

Información básica del cliente que permita tener un contexto de lo que el cliente es, hace y desea lograr: nombre, edad, estado civil, entorno familiar.

Antecedentes.

Información relacionada con la actividad en la empresa: Organigrama, puesto de trabajo, personal a cargo, a quien reporta en su trabajo, antigüedad, correo electrónico, responsabilidades principales, desempeño en la actualidad, principales retos y obstáculos que desea superar con el objetivo y meta propuesto.

Objetivo o proyecto estratégico por realizar.

Cuando se trata de un proceso que proviene del Modelo COS Coaching Organizacional Sistemático®, resulta muy sencillo incorporar el objetivo crítico, es aquel indicador del proceso que deriva de un objetivo global crítico o es un proyecto estratégico que es crítico y que proviene de la dirección y planificación estratégica.

A manera de ejemplo:

Indicador de proceso crítico: *Superar las ventas del año anterior en un 20% mínimo.*

Proyecto estratégico crítico: *Incrementar la capacidad instalada en un 50% para las líneas de producción actuales.*

Meta.

Es hacer explícito el objetivo, ya sea en forma numérica o en términos de fechas de cumplimiento, o ambas.

Intención atrás del objetivo y de la meta.

Cuando alguna persona está buscando cumplir un objetivo y una meta siempre existe una motivación para alcanzarlos, está motivación tiene que ver con algo que tiene valor para el cliente y es en este tipo de objetivos donde se hace más patente, ya que representa una carga podemos decir emocional revestida de valores y al final de ellos uno al que llamaremos el valor principal atrás del objetivo y meta, Para llegar a ese valor vital es necesario ayudar al cliente con una pregunta tal como la siguiente, *y al alcanzar este objetivo y meta que habrás logrado?*, luego seguir preguntando ante la respuesta recibida, *y lograr x qué te representa?* tantas veces como sea necesario, hasta encontrar ese valor principal, para entenderlo mejor utilicemos un ejemplo.

Supongamos que un jefe de ventas tiene como objetivo *posicionar la marca del producto líder de la empresa* mediante un programa de publicidad en un período de 6 meses, la primera pregunta sería *¿y al alcanzar este objetivo y meta qué habrás logrado?* Una posible respuesta sería *satisfacción*, a lo que surge una siguiente pregunta *¿y tener satisfacción qué te representa?* supongamos que responde *orgullo*, esta respuesta nos lleva a otra pregunta *¿y tener orgullo qué te representa?* reconocimiento y así sucesivamente hasta que la respuesta final se repite en un valor al que le llamaremos valor principal, supongamos que repite *el reconocimiento me representa respeto ¿y el respeto que te representa? pues, respeto!*, ahí tenemos el valor principal y sobre eso regresaremos más adelante.

Plan de trabajo.

Para elaborar un plan del proceso de coaching, los siguientes elementos son suficientes: actividades, fechas de realización y evidencia de cumplimiento con la actividad.

El proceso puede iniciar colocando en el piso una línea que represente el tiempo, colocando una hoja con el presente y otra con la fecha límite para alcanzar el objetivo y la meta. Es importante que, durante todo el proceso para definir las actividades de planeación para el objetivo y metas propuestos, el coach mantenga rapport con el cliente y lo esté calibrando continuamente, para verificar su enfoque y compromiso con el proceso y con su objetivo y meta.

El primer paso es pedir al cliente que vea y escuche que ya ha logrado el objetivo y meta, apoyarlo para que lo pueda *vivir* por anticipado, haciendo referencia a sus canales de comunicación visual, cenestésico y auditivo y, estando atento para verificar su congruencia en su semblante para la obtención de dicho objetivo y meta.

Una vez que el coach ha reconocido que el cliente está centrado *viviendo* su momento de éxito en la consecución del objetivo y la meta, le pide que piense en un paso antes que estará haciendo y físicamente le pide al cliente que dé un paso atrás, de la misma manera el coach calibrará el momento en el que su cliente esté centrado en esta actividad y entonces le pedirá nuevamente que continúe con un paso atrás siguiendo el mismo procedimiento de apoyar en forma visual, cenestésica y auditiva a que su cliente este *viviendo* ese momento y así, hasta llegar al momento presente y el cliente diga algo como esto, *estoy aquí planeando con mi coach la obtención de mi objetivo y meta.* Está sería la última actividad en el proceso de planeación y la primera cronológicamente hablando.

Posteriormente el coach pide a su cliente que revise si falta alguna actividad en el plan, de faltar alguna la incluye en donde el cliente indique. También le pide al cliente que establezca fechas límite para realizar cada actividad del plan y determine para cada una cuál es la evidencia objetiva que habrá de existir para verificar que ésta se ha completado satisfactoriamente.

Una motivación adicional si el reto es grande, es que el cliente se otorgue premios por lograr alguna actividad complicada. Tales premios pueden ser reconocimientos sencillos como un paseo, una cena, salida al cine, al campo, etc. y un premio más grande al concluir exitosamente la conquista del objetivo y meta finales.

Con la información anterior se puede hacer una tabla que incluya la actividad, fecha límite de cumplimiento y evidencia de que se ha logrado cada actividad. Como una continuación del plan está la siguiente actividad.

Tareas para vivir la intención atrás de la meta.

Ya conociendo el valor principal atrás del objetivo y de la meta, el coach le pide al cliente que le diga de qué manera el experimenta el valor. Con el ejemplo que encontramos de *respeto* como valor atrás del objetivo y meta, la pregunta sería algo como esto ¿en tu vida cotidiana de qué manera experimentas el valor del respeto? Una respuesta podría ser *cuando llego temprano al trabajo, siento que me respeto a mí y a mí empresa,* entonces el coach puede pedirle ¿cada cuando te comprometes a llegar temprano al trabajo? Una respuesta sería todos los días de la semana, esto se considera una tarea voluntaria para experimentar el valor principal atrás del objetivo y meta.

El coach puede continuar haciendo preguntas al cliente de las diferentes formas de experimentar el valor atrás del objetivo y la meta hasta alcanzar algunas tareas cotidianas a las que se comprometa hacer y con esto hacer una tabla de tareas para complementar el plan del objetivo y meta con las actividades ya mencionadas.

El efecto de vivir en el día a día el valor atrás de la meta es quitarle carga emocional y hacer más sencilla la obtención del objetivo y la meta. No es necesario que ya haya alcanzado el objetivo y la meta para experimentar el valor principal que lo motiva a alcanzarlos.

Experimentar el plan por anticipado.

Ya que se tiene el plan escrito con todos los detalles el coach está en condiciones de pedir al cliente que se disponga a vivirlo por anticipado haciendo lo siguiente en cada paso o actividad:

Estás el día de hoy (dice la fecha) participando en el plan de coaching para obtener el objetivo y meta trazado (se menciona específicamente cual objetivo y meta está involucrado) estás iniciando este reto, te comprometes a llevar a cabo tareas cotidianas (menciona cuales son y la frecuencia de realización), para experimentar el valor (menciona el valor) y te comprometes a llevar a cabo la actividad de realizar un plan de coaching, cuando el coach calibra que su cliente lo está viviendo en su interior, le pide dar un paso adelante y de nuevo le dice, hoy es el día tal y estás concluyendo tal actividad, la evidencia de cumplimiento es (la menciona) y continúas con tus tareas para experimentar la intención atrás del objetivo y la meta (las menciona y su frecuencia también), calibra para verificar que el cliente está enfocado y al comprobarlo le pide dar el siguiente paso y así sucesivamente, hasta llegar a la última actividad que es la consecución del objetivo y la meta.

Seguimiento y conquista del objetivo y meta.

Este apartado lo veremos a más detalle en el siguiente capítulo.

PLANIFICACIÓN DE OBJETIVOS QUE NO PROVIENEN DE LA DIRECCIÓN ESTRATÉGICA

Cuando se trata de apoyar a clientes cuyo objetivo no proviene de planeación estratégica, se consideran otras acciones y alcances, de acuerdo con lo siguiente:

- Proveer de opciones para que pueda profundizar en la necesidad real.
- Apoyar al cliente a que defina un objetivo y meta.
- Clasificar el objetivo como operativo o crítico.
- Aplicar las actividades de manejo del objetivo.
- Dar seguimiento y conquistar el objetivo.

Proveer de opciones para que pueda profundizar en la necesidad real.

Pedir al cliente que disponga del tiempo necesario para cubrir la sesión de coaching sin contratiempos ni prisas, que defina una serie de ideas para participar en el proceso en aquellas situaciones donde puede obtener el mejor provecho. Aprovechar cada minuto del coach para lograr sus objetivos.

Apoyar al cliente a que defina un objetivo y meta.

Una manera es alentar al cliente para que tenga 4 a 5 cosas que sean importantes para él, y que de resolver alguna, impacte positivamente en su actividad laboral o personal. Después usar el cuestionamiento para asegurar que es de alto impacto en la vida profesional del cliente:

Si solo pudieras resolver un asunto en esta cita, ¿cuál sería?

¿Qué es lo que más te preocupa en este momento?

¿Me podrías mencionar qué cosas te gustaría resolver?

De las cosas anteriores ¿cuál representaría de resolverse, la prioridad?

Si el cliente ya priorizó alguna cosa a resolver, preguntar ¿qué específicamente es lo que quieres lograr con esto? Si la respuesta es vaga o no muy específica, volver a preguntar ¿qué específicamente quieres lograr con esto?, preguntar tantas veces sea necesario para que llegue a un objetivo claro y específico. Después he de pedirle que para ese objetivo defina una meta clara para tener la información completa.

Clasificar el objetivo como operativo o crítico.

Una vez que ha definido el cliente su objetivo y su meta, interrogarlo para definir el grado de dificultad que representa para él y clasificarlo como objetivo operativo o como crítico y proceder a dar un tratamiento como tal, según como ya lo hemos establecido con anterioridad.

Aplicar las actividades de manejo del objetivo.

Si el objetivo fue clasificado como operativo aplicar lo indicado en el apartado de planeación de objetivos operativos y si es crítico proceder conforme a planeación de objetivos críticos mencionado en el apartado anterior.

Dar seguimiento y conquistar el objetivo.

Si el objetivo es operativo aplicar lo conducente en el apartado y si es crítico ver el siguiente capítulo.

Resumen

La planificación de objetivos es una actividad importante del proceso de coaching, ya que establece y resume lo más importante a realizar por parte del cliente, algunas ocasiones es el único apoyo que necesita el cliente de parte del coach para iniciar un movimiento que le permite romper una inercia que no le favorece y con eso es suficiente para seguir adelante. Otras ocasiones si necesita el apoyo en el seguimiento, para asegurarse de cumplir las actividades planificadas en tiempo y forma.

En este capítulo tratamos la forma de planificar objetivos operativos, objetivos críticos que provienen de la planeación estratégica en forma de indicadores de procesos o en forma de proyectos estratégicos y objetivos operativos y críticos que no provienen de un proceso de planeación estratégica y que se quiere atender convenientemente en la organización.

En todos los casos es importante una adecuada planeación para objetivos operativos y críticos en términos visuales, sensoriales y auditivos.

Puntos para considerar

Objetivos que provienen de la planeación estratégica son:

- Indicadores de procesos críticos.
- Indicadores de procesos operativos.
- Proyectos estratégicos críticos.
- Proyectos estratégicos operativos.

Objetivos que no proceden de la planeación estratégica son:

- Objetivos operativos.
- Objetivos críticos.
- Proyectos operativos.

- Proyectos críticos.

Resultados

- Planes de indicadores, proyectos estratégicos, objetivos y proyectos que son operativos.
- Planes de indicadores, proyectos estratégicos, objetivos y proyectos que son críticos.

8

SEGUIMIENTO Y CONQUISTA DE OBJETIVOS

El seguimiento y la conquista de objetivos y metas, es una tarea primordial del coach y su cliente, ya sea éste una persona o un grupo de personas en equipo. Es una actividad que le va a requerir al coach las capacidades, las habilidades y la práctica derivada de la aplicación de técnicas, herramientas y modelos, que le permitan un gran valor agregado para apoyar a sus clientes a conquistar sus objetivos profesionales, que le redunden en los mejores beneficios para su organización. Esto abarca a detalle lo siguiente:

- Seguimiento, flexibilidad y verificación de evidencias.
- Conquista de objetivos.
- Retroalimentación para la mejora del seguimiento y conquista de objetivos.

Seguimiento, flexibilidad y verificación de Evidencias

El seguimiento a un plan de trabajo bien establecido es una de las cosas más sencillas, porque el mismo plan genera en el responsable de su realización un incentivo para lograr las metas intermedias y le provee la guía para las siguientes actividades. Cuando el plan está bien realizado, favorece su implementación.

Es probable que, durante la realización del objetivo, el responsable identifique algunos cambios en las actividades que refuerzan el plan.

Esto puede involucrar añadidos o la necesidad de suprimir actividades que no aportan beneficio para la conquista del objetivo. Esto quiere decir que el plan original opera como un *plan de vuelo* que se depura durante el viaje para lograr llegar a su *destino* con éxito.

Por otro lado, el plan contiene información necesaria que puede ser utilizada como evidencia de la realización exitosa de las actividades y finalmente del objetivo.

Tanto para el seguimiento de objetivos operativos como críticos, es imperativo que el responsable de ellos esté dispuesto a acceder a una actitud mental positiva, vencer los retos y pasar a la acción inmediata de acuerdo con el plan establecido. Esto quiere decir, acceder a sus habilidades de liderazgo personal e interpersonal, cuando este sea aplicable y necesario

Muchos de los objetivos que no se cumplen son debido a malas decisiones o a planes no fundamentados apropiadamente. Este riesgo queda superado al realizar una planeación de objetivos bien fundamentada tanto en los objetivos operativos como en los críticos.

De ahí que para el cliente lo que le resta es tomar la acción con toda la convicción de que su objetivo depende de la determinación que ponga para cumplir el plan desarrollado.

Conquista de objetivos.

Lo que mencionaremos a continuación es una serie de apoyos que el coach puede trabajar con sus clientes para la conquista de sus objetivos y metas, veamos lo siguiente como una conversación del coach con su cliente:

Considera los siguientes puntos como un apoyo fundamental que te va a incrementar en forma sustancial la posibilidad de conquistar tus objetivos y metas organizacionales, esto es tu compromiso contigo como responsable del objetivo u objetivos a conquistar:

Motivación: Si quieres realmente cambiar tu situación actual por una más gratificante y satisfactoria, tu motivación está asegurada.

Autoconfianza: Si crees que te mereces y eres digno de los cambios que vas a introducir en tu vida laboral, encontrarás la confianza necesaria para seguir adelante y apoyar a tu empresa a alcanzar sus objetivos y metas globales en beneficio de todas las partes interesadas.

Disciplina: Es una cualidad que necesitas cultivar. Cuando estés en medio del camino es lo que te va a permitir avanzar. Cuando más se requiere la disciplina es en los momentos en que las cosas no marchan bien, al final el obstáculo o problema cederá ante tu empuje disciplinado.

Buena disposición para el desafío: Se trata de estar en disposición de desafiarte a ti mismo, puesto que vas a transitar por caminos diferentes a los que hasta ahora habías recorrido. ¡Acostúmbrate a una nueva y gratificante vida! y a nuevos costos por pagar. La naturaleza es muy sabia, te da lo que tú quieres solo hasta que hayas pagado el precio por ello, no antes.

Dedicación: Ajústate a tus planes y llévalos a cabo de la mejor manera y, gradualmente, vas a ver que se convierten en realidad.

Optimismo: Actúa con entusiasmo de ahora en adelante para alcanzar tus objetivos y metas. Cancela la desconfianza en tu vida, recuerda que tomar acciones te produce resultados y valiosas lecciones.

Flexibilidad: Cuando encuentres una manera mejor de realizar las cosas para alcanzar los objetivos, date la oportunidad de redirigir el rumbo para llegar a destino.

Retroalimentación para la mejora de la Conquista de Objetivos

Importantes factores de retroalimentación para la mejora continua son los siguientes:

Constancia de propósito del responsable del objetivo para conquistarlo, seguimiento y flexibilidad para verificar el cumplimiento de las actividades y hacer los ajustes necesarios al plan de trabajo para cumplir con el objetivo, adecuada identificación de las evidencias para el cumplimiento de las actividades y del objetivo, Habilidades de liderazgo personal e interpersonal, habilidades de negociación, etc.

Retroalimentación del cliente hacia el coach en lo relativo a como siente su apoyo, situaciones que no aportan valor, técnicas que le han aportado más y las que han aportado menos, el grado en que las sesiones de trabajo son satisfactorias y productivas para el cliente, el ritmo del avance, nuevas comprensiones y tomas de conciencia que pueden aportar nueva información para el proceso de coaching, duración de las sesiones, resultados no esperados que aportan un valor agregado o subproductos del proceso, el cierre del ciclo del proceso de coaching cuando se han alcanzado los objetivos y metas, evaluación del desempeño del coach por parte del cliente y recomendaciones para la mejora del proceso, etc.

En el ejercicio del coaching organizacional, encuentro de gran utilidad dos capacidades y habilidades que debe dominar el coach para poder influir y alentar a sus clientes a que las apliquen en el proceso de lograr sus objetivos y metas y en el ejercicio de su actividad profesional, estas capacidades y habilidades son la negociación y el liderazgo, los cuales veremos a detalle en los dos siguientes capítulos: 9, Formación de Negociadores y 10, Fortalecimiento de Liderazgo.

Resumen

El seguimiento del proceso de coaching es el campo donde se van construyendo y conquistando los objetivos y metas, es donde existe la mayor interacción del coach y sus clientes individuales o en equipo, es el espacio en el cual el coach aporta sus conocimientos, experiencia, capacidades, habilidades, sensibilidad y servicio, en beneficio del cliente y de su organización, en el entendido de que la organización tiene prioridad, ya que lo que es bueno para la organización, es bueno para todas las partes interesadas, lo cual redunda en un círculo virtuoso, donde todas las partes interesadas buscan el bien de todos. Es en las sesiones y en el seguimiento donde se conquistan los objetivos y metas. Al final una evaluación del proceso de coaching y la retroalimentación a los protagonistas del proceso, coach y clientes, son factores importantes para el cierre de este.

Puntos para considerar

- Seguimiento al plan establecido.
- Verificación de evidencias de cumplimiento con actividades.
- Apoyo al cliente en caso de necesidad.
- Observación cuidadosa para verificar la necesidad de flexibilidad en las actividades.

Resultados

- Plan de trabajo con registro de cumplimiento con actividades y verificación de evidencia.
- Registro de tareas para asegurar y vivir la intención atrás del objetivo y la meta.
- Documentación de actividades nuevas derivadas de la flexibilidad durante el proceso, su seguimiento, verificación de evidencias y su registro.

9

FORMACIÓN DE NEGOCIADORES

En este capítulo quiero compartir con los lectores los conceptos y práctica de las estrategias, técnicas y tácticas requeridas para un efectivo manejo del proceso de negociación en el ámbito empresarial, con un enfoque de Programación Neurolingüística para su aplicación en las necesidades que surjan durante el proceso de coaching en el propósito de cumplir con sus objetivos y metas empresariales. Con estos conceptos espero que el coach y sus clientes puedan identificar claramente las etapas del proceso de negociación, que les permitan conducir y controlar sus negociaciones hacia escenarios exitosos, aplicando técnicas y herramientas de probada efectividad.

Las principales actividades dentro del proceso de negociación incluyen los siguientes puntos:

- El proceso de negociación.
- Estrategias.
- Preparación del negociador.
- Técnicas.
- Tácticas.
- Estrategias que no van hacia acuerdo GANAR-GANAR.

- Aplicación del proceso de negociación en el ámbito organizacional.
- Reflexiones sobre la negociación.

El proceso de negociación.

La negociación es un proceso que ocurre cuando dos partes se encuentran, con el propósito generalmente de alcanzar un acuerdo, que sea satisfactorio para las partes en interacción.

Lamentablemente, no siempre se busca un acuerdo entre las partes, hay ocasiones en que una de las partes busca tener un beneficio a costa de la otra y también las hay, con otros propósitos.

Para entender mejor lo anterior voy a esquematizar la negociación en forma piramidal de tres partes como se muestra en la figura 4.

En la punta de la pirámide colocaremos la estrategia que se va a utilizar durante la negociación. En la parte media colocamos las técnicas, es decir las formas de negociar, el cómo negociar y en la parte inferior las tácticas que en este caso representas los puntos finos de toda negociación.

Negociación

Figura 4: elaboración propia.

Para clarificar esto último veremos a continuación las diferentes estrategias de negociación.

Estrategias.

Si hacemos un poquito de memoria en las experiencias que hemos tenido en la vida laboral y en la vida en general, seguramente vendrán a nosotros una serie de acontecimientos en los que nos vemos en la necesidad de negociar, a manera de ejemplo mencionaré solo algunos casos:

- Cuando estamos hablando de nuestro sueldo antes de comenzar a trabajar en un nuevo empleo.

- También cuando nos es asignada una tarea que nos va a demandar determinado tiempo y esfuerzo adicional.

- Al comprar un automóvil o una casa o un paquete vacacional que implica una inversión con diferentes planes de pago.

- Cuando existe un proyecto organizacional que implica la participación de varios departamentos, entre ellos el nuestro.

- En los casos en que la empresa se ve en la necesidad de recortar personal por razones diversas o cuando hay fusión de empresas y se requiere integrar personas nuevas a los equipos existentes.

- En la necesidad de realizar un finiquito laboral con un subordinado que muestra bajo desempeño y comportamiento.

- De una manera más amplia en las actividades de comercial, compras, crédito, cobranza y recursos humanos en todo tipo de organización.

- Si queremos iniciar una empresa entre varios socios, dentro de la familia o fuera de ella, etc.

- Si nos damos cuenta en los ejemplos anteriores hay una gran variedad de situaciones y no todas se resuelven por la vía del acuerdo, por esta razón si queremos resumirlo, tendremos que enfocarnos en lo que lamamos estrategias de negociación.

Podemos resumir en tres tipos de negociación, sobre la base de las estrategias que se utilizan:

Negociación hacia el acuerdo, que busca una relación de GANAR-GANAR entre las partes, también es conocida como negociación de beneficio mutuo o ecológico, que pretende fortalecer el sistema formado por las partes en interacción. La mayor parte de las negociaciones debieran tender hacia el acuerdo, esto quiere decir que se utilicen técnicas creativas con el propósito de lograr el resultado óptimo para las dos partes. "Agrandar el pastel para que ambas partes se beneficien"

Negociación con ventaja, en esta estrategia de negociación una de las partes busca ganar a costa de la otra y a la vez que parezca que hubo ganancia de ambas partes, me gusta llamar a esta estrategia de (GANAR- ganar). Los negociadores que actúan así tienen una forma de pensamiento muy particular, hacen grandes esfuerzos en este tipo de negociación para que la otra parte quede satisfecha, al mismo tiempo que ellos consiguen lo que quieren. No es tan fácil de identificar a quien usa esta estrategia.

Negociación mediante confrontación, es una estrategia de lucha, ¡es la guerra!, la naturaleza de una negociación de lucha es que una parte debe ganar a expensas de la otra. EL objetivo es que uno debe ser el ganador y el otro el perdedor.

En lo que se refiere a este capítulo enfocaremos la mayor parte de nuestro esfuerzo al tipo de negociación hacia el acuerdo o GANAR-

GANAR, de igual manera presentamos algunas formas de identificar y contrarrestar las estrategias que no van hacia el acuerdo, en el apartado correspondiente.

Preparación del negociador.

Una forma de preparación es tener el conocimiento del proceso de negociación como tal: las estrategias, las técnicas y las tácticas que veremos a continuación; posteriormente es muy importante que el negociador tenga la experiencia de haber vivido durante su vida procesos de negociación, de esto no hay duda, porque nos demos cuenta o no, todo el tiempo de nuestra vida estamos negociando y; la tercera y tal vez la más importante, es saber si el negociador cree que lo es. Una forma de preparación para las negociaciones que se le presenten en su vida es alinear los niveles neurológicos en el tema de negociación, para estar preparado en cualquier situación que se requiera.

Para hacer una alineación de los niveles neurológicos en lo relativo a negociaciones, se puede hacer lo siguiente:

Coloca en el piso a una distancia de un paso los siguientes 6 letreros: 1 entorno o medio ambiente, 2 conducta o comportamiento, 3 capacidades y habilidades, 4 creencias y valores, 5 identidad y 6 espiritual, después vas a iniciar en el nivel de entorno, puedes pedir apoyo a una persona para que te conduzca el ejercicio y que te vaya diciendo lo siguiente, dando tiempo para que vayas viviendo el proceso, lo puedes hacer con los ojos cerrados para mayor concentración.

Estás parado en el nivel del entorno o medio ambiente dónde y cuándo realizas la actividad de negociación, piensa por un momento en dónde y cuándo realizas esta actividad…. cuando estés listo puedes dar un paso hacia el siguiente nivel.

Ahora estás situado en el nivel de conducta, piensa en lo que haces cuando estás negociando, como es tu comportamiento o conducta, toma tu tiempo para pensar... y una vez que hayas terminado da un siguiente paso.

Ahora estás en el nivel de capacidades y habilidades, ¿Cómo haces tus negociaciones, ¿cuáles son las capacidades y habilidades que tienes y utilizas?, ¿las utilizas todas o solo una parte? Piensa por un momento en ello y piensa si tienes que incorporar nuevas capacidades y habilidades. Cuando hayas terminado da un paso al siguiente nivel.

Ahora te encuentras en el nivel de creencias y valores, responde a la pregunta ¿Por qué haces eso, que encuentras de valioso en ello?, y una vez que hayas concluido estás en condiciones de seguir adelante.

Te encuentras en el nivel de identidad y en este nivel vas a responder, ¿Quién eres en estas actividades de negociación? ¿Cuál es tu identidad como negociador?, toma tu tiempo y una vez que hayas terminado da un paso más al frente.

Estás ahora en el nivel espiritual y en este nivel puedes preguntarte y responderte ¿Para quién o para qué haces eso?, puedes incluir tus creencias superiores a tu propio autointerés, el Sistema Mayor del que todos formamos parte.

Manteniendo el estado que te propició el nivel espiritual, puedes dar media vuelta y recorrer de retorno los niveles neurológicos, pasando por el nivel de identidad, después creencias y valores, capacidades y habilidades, conducta o comportamiento y finalmente entorno o medio ambiente; en cada nivel vas a permitir la integración y la alineación de este nivel con los anteriores, hasta el nivel del entorno o medio ambiente, al llegar a este último permanece unos momentos hasta que se hayan completado totalmente la *integración y la alineación y una vez que haya ocurrido esto, ya puedes abrir tus ojos.*

Otra forma de preparación de negociación es cuando ya se le presenta al negociador la necesidad de una negociación en particular. Este caso lo veremos durante las técnicas de negociación.

Técnicas.

El proceso de negociación consta de las siguientes actividades a las que llamamos técnicas. El dominio de las técnicas le da al negociador una serie de capacidades y habilidades que le van a permitir estar preparado para participar exitosamente en una negociación.

Técnicas de negociación: preparación de clima; propósito, plan y participantes; construcción de la negociación; control de la negociación; tácticas hacia el acuerdo. Al final de cada una de las técnicas incluiré una serie de herramientas y técnicas de PNL que le van a permitir al negociador: el coach y sus clientes, recursos adicionales para su fortalecimiento como negociador.

Preparación de clima: en una negociación hacia el acuerdo las características de formación de clima deben ser de cordialidad, colaboración, entusiasmo y profesionalismo. Los temas para la preparación de clima deben ser neutrales y ajenos al negocio y consisten básicamente en una plática informal, con el propósito de generar un ambiente de confianza y crear las condiciones que favorezcan la colaboración de las partes durante la negociación.

Ejemplos de preparación del clima de la negociación son:

Experiencias recientes como su viaje más cercano, ciudad de origen, detalles de su traslado, etc.

Tópicos externos: deportes, espectáculos, acontecimientos nacionales o mundiales del momento, que no sean polémicos.

Interés por su persona sin pretender intimar demasiado ¿qué tal el descanso el fin de semana? Alguna experiencia compartida si son negociadores que ya se conocen.

Aspectos importantes de la preparación de clima son: cuidar la postura para que transmita tranquilidad, hombros relajados y vestido de acuerdo a la ocasión crea un mensaje de seguridad; hacer contacto visual trasmite confianza y credibilidad; manejo de temas neutrales; el tiempo aproximado para *romper el hielo* alrededor del 5 % de la duración de la reunión de negociación; Si se trata de una negociación en equipos, reunirse en pequeños grupos para interrelacionarse en lugar de formar un grupo de todos.

Una herramienta de PNL que encuentro altamente eficaz en la etapa de preparación del clima de la negociación es la metáfora. Se puede construir una historia que favorezca la negociación y el acuerdo entre las partes, con la confianza de saber que lo que se está buscando es un beneficio mutuo, en una relación de GANAR-GANAR y que beneficie y fortalezca la relación del sistema de ambos negociadores. Una historia con propósito es lo que representa la metáfora y bien utilizada apoya a ambas partes.

Propósito, plan y participantes.

¿Cómo reconocemos que estamos a punto de pasar a la siguiente etapa del proceso de negociación? Cuando ya se acabaron los tópicos de la preparación de clima y se hace un silencio que reclama entrar en el tema que nos ocupa, de ahí la importancia del proceso inicial, que es dónde se definen el propósito, el plan y los participantes durante la negociación.

Este consiste principalmente en definir:

Propósito: es la razón por la que se convocó a esta reunión y lo que esperamos que suceda después de que se ha llevado a cabo. Una negociación sin un propósito equivale a estar a la deriva durante la misma, no sabemos a dónde ir y mucho menos, cómo llegar. El propósito tiene que responder a las preguntas ¿Cuál es la razón por la que estamos aquí?, ¿Qué queremos lograr?, ¿Qué quiere nuestro interlocutor?, ¿Cómo saber si logramos nuestro cometido? En esta parte se perfilan las actitudes de las dos partes. Hay un máximo de alerta sobre las actuaciones mutuas.

Plan: Es el abanico de temas por atender, formación de la agenda, tiempo e intervenciones.

Participantes: son las personas que van a intervenir por las partes y, si son equipos, incluye las presentaciones correspondientes. Negociar con alguien que no sabemos quién es ni qué función ostenta es uno de los peores errores en negociación.

El primer paso son las presentaciones, posteriormente se revisa el propósito, ya que se trata de llegar a un acuerdo sobre el propósito de la reunión. Se presenta el plan, el orden de intervención y por último el ritmo de las intervenciones.

Los resultados deseables de esta etapa de negociación son: verificación de acuerdo y cooperación inmediatos; conciencia de colaboración compartida en etapas tempranas de la negociación; marco de pensamiento común y comprobación de que la otra parte está interesada en conseguir un acuerdo; desarrollo de un clima cordial, colaborador, vivo y profesional.

Es particularmente útil en esta etapa de la negociación dos recursos que se utilizan en PNL: la visualización y la precisión en el lenguaje.

La visualización puede usarse para crear escenarios en el cometido de cómo llevar a cabo la negociación, ¿Qué quiere ver, sentir y escuchar el negociador al principio, durante y al final de la negociación? Crear una agenda con la visualización y el resultado por anticipado y donde sea oportuno, usar el lenguaje para precisar los conceptos o temas específicos: ¿Cuál es el propósito específico de la reunión?, ¿Cuál es la agenda específica, los puntos específicos a tratar?, ¿Quiénes van a intervenir en cada tópico a tratar y en qué orden?, ¿Cómo saber que nuestra negociación fue exitosa, ¿qué vamos a ver, sentir y escuchar como evidencia de que fue así? Hay que recordar que esto es el plan para proceso inicial y todavía no estamos en la negociación. No es una práctica tan común que las personas realicen planes para negociaciones, de ahí que contar con uno, representa una ventaja competitiva.

La construcción de la negociación.

La construcción de la negociación se refiere a poner el plan en marcha: incluye las fases, forma de presentarlo en paquete de frente amplio o discusión profunda por cada tema y atendiendo también al tiempo de negociación y lo que se necesita para mantener la concentración y el enfoque en el propósito de la negociación y en el proceso en sí.

De acuerdo con las fases de negociación formal se incluyen las siguientes: exploración, propuestas, negociación en sí, acuerdo y ratificación, como se muestra en la figura 5.

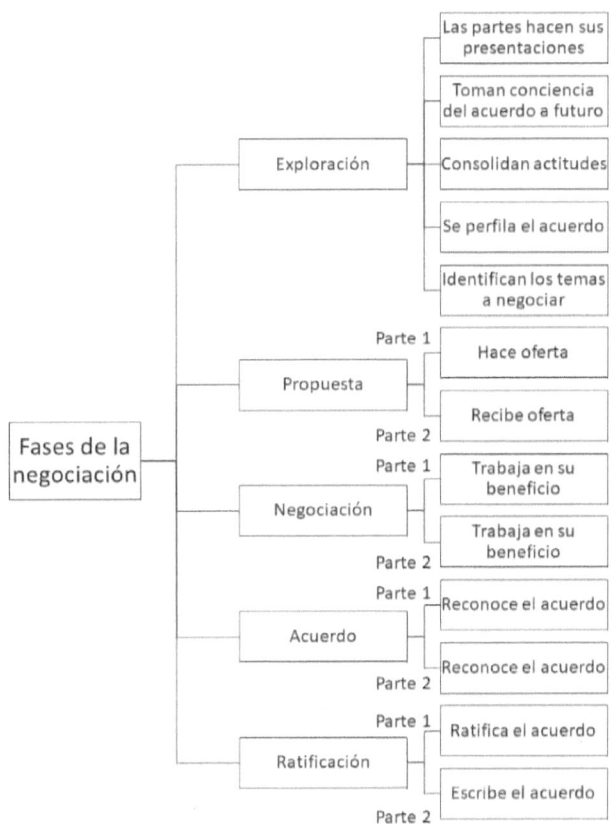

Figura 5, elaboración propia con datos del libro *Como Negociar con Ventaja, Bill Scott.*

Exploración: durante esta fase de negociación, lo que se pretende por cada una de las partes es identificar cual es la postura general de su interlocutor (es) y su grado de compromiso para llegar a un acuerdo satisfactorio. También es un buen momento para proponer los temas a negociar, de lo que ya hablamos ampliamente en la etapa de planeación.

Propuestas: una o ambas partes pueden tener sus propias propuestas. En esta fase es el momento justo de presentarlas, entonces una de las partes presenta su propuesta y la otra la recibe para su análisis y posterior decisión.

Negociación: cada una de las partes trabaja en su propio beneficio, ya que cada parte tiene su propio propósito acerca del resultado de la negociación, es el momento de presentar sus mejores argumentos para persuadir a la otra parte de aceptar su propuesta y viceversa. En caso de que los propósitos sean divergentes, lo que los puede llevar a un acercamiento es trabajar en forma conjunta y creativa buscando sobre las intenciones positivas de cada parte y encontrar puntos de concordancia, siendo mutuamente empáticos.

Acuerdo: existen algunas pistas que nos permiten darnos cuenta cuando ya existe un acuerdo inminente entre las partes: la persona que va a tomar la decisión de aceptar la propuesta puede tener alguno de los siguientes comportamientos:

Puede de pronto tener la postura y disposición de dialogo interno (mirada abajo a la izquierda). Habla más rápido de lo que había estado hablando durante la reunión y se muestra más entusiasmado. Se muestra repentinamente amistoso, relajado y puede hacer una pregunta personal. Cualquier cambio de postura, actitud o voz es una señal de que se acerca el momento de tomar la decisión.

Ratificación: cuando de un asunto comercial se trata (compraventa de producto o servicio), el acuerdo se formaliza mediante un pedido o contrato. Si es un acuerdo interno, una minuta puede ser suficiente para ratificar el acuerdo contraído. Cada negociador identificará por su parte el símbolo mediante el cual se ratifica un acuerdo entre partes.

Para cerrar el apartado de construcción de la negociación, es necesario considerar como manejar la negociación si se trata de una serie de temas por abordar. Si esta se maneja en paquete, considerando todas las fases anteriormente mencionadas o discusión a fondo de cada tema, también considerando las mismas fases de negociación para cada tema, lo que lo hace sumamente extenuante. Mi recomendación es hacer la negociación en frente amplio, sin embargo, seguramente habrá a quienes les parezca mejor en discusión profunda por tema, lo cual es muy respetable. De la misma manera es importante que el lector tenga en cuenta la extensión de la negociación en términos de tiempo, para que dosifique su energía y pueda estar concentrado y enfocado durante la misma. Siempre es recomendable un descanso previo a una negociación importante.

Para el manejo de la construcción de la negociación, una serie de herramientas y técnicas de PNL pueden hacer una gran diferencia: la precisión en el lenguaje para conocer específicamente lo que se está tratando y acordando o necesitando, el rapport con el interlocutor para poder estar en sintonía y seguir el mismo propósito, el manejo de la calibración de sus reacciones y hablar en términos visuales, cenestésicos y auditivos según el canal de comunicación de preferencia del interlocutor, pueden ser de gran aporte. En esta etapa del proceso de negociación es donde más se requiere de las habilidades y capacidades del negociador.

Control de la negociación

Recordemos que para este paso ya se han manifestado las posturas, se han hecho las propuestas, negociado cada parte en su beneficio, se han perfilado posibles acuerdos y se ha llegado a acuerdos concretos o no. Cuando no se ha llegado a acuerdos durante el proceso de negociación, las siguientes actividades pueden utilizarse como elementos de control de la negociación:

Hacer un resumen del avance: ayudar a visualizar todo lo que se ha avanzado del contenido de la agenda de la reunión.

Clarificar la situación: animar a los participantes de la negociación a que se aclaren sus ideas respecto a lo que se está tratando.

Clarificar el proceso: hacer referencia a las fases del proceso de negociación ya tratados en el apartado de construcción de la negociación para ver el progreso realizado, con el fin de avanzar, relacionarlo con propósito y plan convenidos en el proceso inicial.

Acercamiento entre las partes: buscar la manera de construir un puente de comunicación y acercamiento entre las partes para encontrarse y avanzar.

Poner énfasis sobre el acuerdo: recordar continuamente a los integrantes de la reunión de negociación y hacerles referencia de que lo que se pretende es un acuerdo.

Encuentro de mucha utilidad los recursos acerca del conocimiento del manejo de submodalidades visuales, cenestésicas y auditivas y los movimientos oculares, usados en PNL para potenciar los canales de comunicación propios y lo de nuestros interlocutores, me explico:

Submodalidades: el lenguaje utilizado en las conversaciones comunes incluye frases prestablecidas que marcan un canal de comunicación específico. Frases como *su propuesta es brillante, lo que usted presenta está muy claro, la forma de presentarlo transparenta su posición, todavía me parece turbio*, etc. son submodalidades visuales y una respuesta en el mismo canal de comunicación apoya a la negociación, por ejemplo *¿le parece brillante?, espere a ver lo que nos falta de presentar o lo que le voy a mostrar va a clarificar los hechos.*

Siguiendo con el canal de comunicación cenestésico frases como *lo tratado hasta el momento no me deja buen sabor de boca, siento frío el proyecto, no me late lo que percibo*, etc., para esto existen respuestas en el mismo canal tales como *lo que le voy a presentar le va a saber a gloria, para usted ¿Qué haría más cálido el proyecto?,* etc. De la misma manera se puede usar el canal de comunicación auditivo para responder a frases tales como *sus propuestas no me suenan, su comentario es música para mis oídos, no me toquen ese vals,* etc., las respuestas *¿Qué propuesta le sonaría bien?, ¡celebro su buen gusto musical!, ¿cuál es su melodía favorita, nosotros se la proporcionamos,* son adecuadas a la conversación en el canal auditivo del interlocutor y favorecen a la negociación.

Movimientos oculares: partimos del hecho generalizado de que las reacciones con movimientos oculares en las personas se dan de la siguiente manera en función del acceso a recuerdos o creaciones:

- Si la persona está accediendo a una imagen recordada, su movimiento ocular es arriba a su izquierda.

- Si está creando una imagen es arriba a su derecha.

- Si está recordando un sonido, su movimiento ocular es a la parte media a su izquierda. Si está creando un sonido es a la parte media a su derecha.

- Si está en dialogo interno, el movimiento ocular ocurre abajo a su izquierda y si su movimiento ocular es abajo a su derecha, indica que está recordando o creando una sensación.

Lo anterior lo podemos utilizar durante una negociación para favorecer el acuerdo en la misma con frases como *tú puedes sentir como este negocio te favorece,* si está dirigiendo su mirada abajo a su derecha, o *recuerda lo que viste en nuestra planta,* si su mirada se dirige arriba a su izquierda, etc. Toma un poco de práctica dominar esta herramienta, pero resulta de mucho valor en las negociaciones.

Tácticas.

Las tácticas son las acciones que cada parte implicada en el proceso de negociación ejecuta con el fin de alcanzar su propósito, de acuerdo con esto, son el conjunto de acciones que concretan la estrategia del negociador. Son mecanismos finos hacia un acuerdo en negociaciones, cuando su estrategia es de GANAR-GANAR.

Existen múltiples tácticas, aquí les presento algunas de las más conocidas: solicitar un receso, establecer plazo para concluir la negociación, rebase del límite de acción, formular la pregunta ¿Qué pasaría si..., la de apertura completa, lubricación, tiempo para recreación, el trabajo alterno.

Solicitar un receso: tomarse un descanso para considerar el progreso conseguido y aclarar su posición. Se puede usar al final de una fase negociadora, cuando se está ante un obstáculo, para consultar una posible decisión ante una instancia superior, cuando se requiere revisar la efectividad del equipo o ante una baja en la concentración.

Establecer plazo para concluir la negociación: fijar fecha u hora para concluir la reunión o negociación. Se puede usar cuando las dos partes están convencidas de hacerlo, cuando se maneja en sentido de colaboración, *sería de gran ayuda si termináramos a tiempo para poder tomar el avión a las 11:30, ¿les parece que nos movamos a ese ritmo?*

Rebase del límite de acción: se recomienda cuando hay una decisión de gran alcance y que rebasa el límite del negociador en la toma de decisiones. Es una táctica que se debe usar con moderación, de otra manera se puede caer en la salida fácil, donde el negociador no está habilitado para tomar decisiones a nombre de su empresa. *Como ustedes podrán comprender esta decisión está fuera de mi competencia y debo considerar la opinión de mi superior, ¿me permitirían consultarlo?, me toma un momento.*

Formular la pregunta ¿Qué pasaría si..: se usa cuando se manejan alternativas hacia el acuerdo. Se puede usar solo en las alternativas donde no hay acuerdo, conservando los avances en las alternativas con acuerdos pactados. No se recomienda en un proceso muy avanzado y que ha costado mucho llegar a ese punto.

Apertura completa: Se refiere a que una o las dos partes se abren para favorecer el acuerdo en la negociación y es poco usada porque siempre existirá la duda de si es total la apertura. Es más recomendable con negociadores que se manejan por principios, en relaciones de largo plazo y con un historial de acuerdos satisfactorios.

Lubricación: es una táctica donde está implicado el soborno, es usada en ciertos ambientes, entre negociadores a los que no les importa el fortalecimiento de la relación entre las partes negociadoras, es de beneficios parciales y esporádicos. Es una táctica poco usada en relaciones hacia el acuerdo de ambas partes, por sus características de falta de ética.

Tiempo para recreación: es una táctica usada por los líderes de los equipos para manejar la negociación en otro ambiente cuando esta ha llegado a un punto muerto. El tiempo de recreación puede ser acudir a un espectáculo deportivo, pescar, una comida sin presión, etc. Una vez superado esto, se puede regresar a la mesa de negociación.

El trabajo alterno: también es utilizada en puntos muertos, se selecciona un subgrupo para analizar un tema en particular, mientras los demás avanzan en otros temas, haciendo más ágil el progreso de la negociación.

Para apoyar la etapa de negociación de tácticas, recurro a dos herramientas que son el rapport y descripción múltiple de la realidad, específicamente la tercera posición.

El rapport lo recomiendo para establecer sintonía entre las partes y de esta manera ayudar a encontrar caminos creativos conjuntos en favor de la solución a la negociación, apoyándose en los conceptos de rapport, sintonía y guía hacia el acuerdo.

En lo relativo a descripción múltiple de la realidad: entendiendo y aplicando el concepto de primera posición, que es cuando estoy en mi piel, segunda posición es cuando me pongo en el lugar de otro y lo puedo entender, tercera posición cuando me pongo en un estado neutral en que puedo verme simultáneamente en primera posición y a mi interlocutor en interacción y puedo desde esta posición emitir una evaluación sin tomar partido, me permite ampliar el panorama. Hay una cuarta posición que observa desde la perspectiva del sistema de ambos negociadores buscando su fortalecimiento desde la negociación. Esta perspectiva de amplitud permite ver en forma más global la negociación al servicio del fortalecimiento del sistema conjunto de ambas partes de la negociación.

Hasta aquí les he presentado el punto de vista de una negociación hacia el acuerdo entre las partes, que genera una relación de GANAR-GANAR, beneficios mutuos y relaciones ecológicas a largo plazo. A continuación, les presento algunos aspectos de negociaciones que no son de este tipo, las cuales se presentan en algunas ocasiones, pero no tienen futuro para relaciones a largo plazo, sin embargo, las presento para su conocimiento y para que se puedan proteger ante negociadores que se comportan con estas estrategias.

Estrategias que no van hacia acuerdo GANAR-GANAR.

<u>Negociaciones con ventaja.</u>

Las características de quien utiliza la negociación con ventaja son: averigua necesidades e intereses de la otra parte desde el inicio con el fin de sacar ventaja, no de favorecer acuerdos mutuos y satisfactorios, valora la situación para identificar debilidades de su contraparte y decide cómo enfrentarse a ella, se prepara para cada ronda de negociación, influye en la otra parte en situaciones de vulnerabilidad, le ayuda a sentirse satisfecho sin pisotearle, lanza anzuelos que pueden ser atractivos a su contraparte y actúa sobre ellos, cede a paso mesurado siempre obteniendo concesiones del contrario, mantiene el proceso negociador en frente amplio y difuso, evita los obstáculos y los minimiza, es hábil para reconocer un acuerdo inminente, clausura con un gesto simbólico resaltándolo aunque no tenga un valor significativo y asegura que todo quede escrito y ejecutado para evitar que la otra parte quiera revocar la negociación.

Para contrarrestarlo puedes recurrir a pedirle que se ponga en tu lugar desde la segunda posición y a que vea una película desde la tercera posición, situaciones que no había considerado y que, al hacerlo, lo dejan al descubierto, también puedes utilizar la cuarta posición para encontrar un objetivo común y de beneficio para las partes, invitar a tu interlocutor a una relación de beneficios mutuos o darle las gracias por su tiempo.

Negociación mediante confrontación.

Esta estrategia existe, pero no en una negociación, sino en conflictos que se puedan presentar, no se recomienda esta estrategia, para sobrevivir se requiere una base fuerte y ser un luchador poderoso, no es un buen lugar para sentimientos buenos ¡es la guerra!, tampoco es un buen momento para hacer consciente a la otra parte, no hay ruptura de hielo, hay intimidación.

Para contrarrestarlo, tratar de expulsarlo de la lucha, controlar el campo de batalla en lo relativo a lo que se discute y cuando, mantener la discusión fluida en frente amplio, adoptar contramedidas, mantener la calma, estar preparado para levantarse e irse cuando haya riesgos mayores.

Aplicación del proceso de negociación en el ámbito organizacional.

<u>Relación Cliente proveedor en el ámbito de Negocio:</u>

Enfoque del vendedor. Esto incluye cómo establecer relaciones con el cliente para asegurar la continuidad de la venta, ya que casi todas las compañías hacen grandes inversiones en la fuerza de ventas para ganar pedidos y hacer negocios, pero en muchos casos sus avances se desaprovechan a causa de un respaldo ineficaz, como veremos a continuación:

Opinión de vendedores acerca del servicio: *Si la gente de la oficina de servicio al cliente realmente se diera cuenta de lo difícil que es conseguir un pedido, tal vez nos apoyaría un poco más.*

Opinión de departamentos de servicio respecto de vendedores: *para los vendedores es fácil hablar de la falta de apoyo, pero si fueran realistas a la hora de prometer fechas de entrega, no nos veríamos tan presionados.*

A continuación, presento algunas razones por las que los clientes se disgustan con los proveedores en algún tipo de empresas, en lo relativo al producto o el servicio:

Producto: incumplimiento con fechas de entrega, faltantes de piezas en entregas, carencia de refacciones en inventario, tiempo excesivo para obtener servicio por falta de piezas, producto inadecuado para el uso previsto o producto defectuoso, ser remitidos al fabricante cuando algo falla.

Servicio: tiempo de respuesta demasiado lento, no respetar fechas comprometidas para dar servicio, falta de sensibilidad del sentido de urgencia, falta de seguimiento a los pedidos o contratos por vendedores o la compañía, fallas en el conmutador, no contestar al teléfono oportunamente, no identificar a la compañía convenientemente, la respuesta de una voz desinteresada, aburrida o impaciente, la frase trillada *un momentito por favor*, interrupciones inexplicadas, largos períodos de silencio, llamadas pérdidas en los departamentos, solicitudes de que se repita el mensaje, ignorancia del paradero del personal, promesa de que la llamada será regresada en 5 minutos, recados no transmitidos, etc.

Estos son ejemplos de problemas internos que tienen trascendencia hacia el cliente externo, las ventas se sostienen con un producto que cumple los requisitos del cliente y también dando buen servicio al cliente, ambas partes en el ejemplo al interior de la empresa tienen razón y ambos también pueden aportar soluciones si se ponen al servicio de la empresa y ésta al servicio del cliente. Son oportunidades para el coach de organizaciones para apoyar a la empresa a que cumpla sus objetivos y metas.

Para finalizar este apartado comparto los componentes de servicio al cliente:

Diligencia: es el estar preparado y dispuesto a servir.

Confiabilidad: ser merecedor de absoluta confianza.

Precisión: La capacidad para actuar con exactitud.

Cortesía: La disposición para dar un trato agradable y educado.

Tacto: La pericia para decir, lo que debe decirse, sin ofender.

Conocimiento: La comunicación de proveer información con sustento.

Competencia: La habilidad y capacidad para realizar una tarea o proporcionar un servicio adecuado.

Empatía: Identificación emocional o intelectual con el cliente.

Enfoque del comprador.

La persona que realiza la función de compras en un proceso de negociación debe asegurar como mínimo lo siguiente: nombre del producto o servicio, sus características o cualidades que debe tener para satisfacer la necesidad del cliente o usuario, las especificaciones o parámetros de aceptabilidad del producto o servicio, lo que el producto o servicio es, la funcionalidad del producto o servicio, lo que el producto hace y finalmente el indicador de desempeño del producto o servicio y que determinará la calificación del proveedor, del producto o del servicio y de la compañía que lo proporciona.

Adicionalmente el comprador debe asegurar que el producto o servicio contratado o adquirido sea competitivo desde el punto de vista del mercado, incluyendo lo siguiente: precio y condiciones de pago, oportunidad en la entrega, servicio postventa, lo anterior en una relación que resulte favorable para ambas partes y asegure la continuidad de la relación.

A manera de resumen ver la tabla en la página siguiente:

Descripción del Producto / Servicio
Producto / Servicio:
Características del Producto / Servicio:
Especificaciones, parámetros o rangos de aceptabilidad del Producto / Servicio:
Indicador (es) del desempeño del Producto / Servicio:

Figura 6: Elaboración propia.

Intraorganización

La negociación al interior de la organización puede incluir algunos de los siguientes casos:

Relación cliente-proveedor interno.

Relación jefe-subordinado.

Venta de proyectos dentro de la organización.

En el caso de proyectos, los formatos presentados en la figura 7, son herramientas útiles para estructurar y planear presentaciones.

El formato de plan de trabajo puede también utilizarse en desarrollo de clientes, presentaciones de productos o servicios y propuestas o cotizaciones.

El nivel de detalle del plan de trabajo dependerá de la importancia y complejidad de la presentación. Sin duda realizar estas actividades, permitirá al coach o a su cliente estar mejor preparado para salir airoso de estas negociaciones.

ESTRUCTURA DEL PROYECTO

1. NOMBRE Y DESCRIPCIÓN DEL PROYECTO:
_____
_____

2. JUSTIFICACIÓN:
_____
_____

3. RESULTADOS ESPERADOS:
_____
_____

4. RECURSOS ADICIONALES:
_____
_____

5. ANEXOS:
_____
_____

		Agenda de Trabajo			

Plan de desarrollo del cliente   Resultado Global esperado: _____

Presentación   Cliente: _____

Propuesta   Representante: _____

Proyecto   Puesto: Hoja   de

Tema a tratar ó actividad a realizar	¿Cómo?	¿Quién participa?	Tiempo destinado	Apoyos requeridos	Resultados

Figura 7: elaboración propia.

Reflexiones sobre la negociación.

Una autentica relación de GANAR-GANAR es aquella en la que las dos partes la reconocen como tal, teniendo toda la información.

Una negociación efectiva debe estar respaldada con un buen producto, servicio o proyecto.

Las negociaciones hacia el acuerdo son las que prevalecen en el tiempo y generan la lealtad entre las partes, como se muestra a continuación del negociador por principios.

Características del negociador por principios: establece relaciones GANAR-GANAR, asegura la generación de beneficios mutuos, mantiene relaciones a largo plazo, tiene mentalidad de abundancia, separa el problema de las personas, cede ante los principios y no ante la presión, busca llegar a acuerdos satisfactorios, genera alternativas para encontrar soluciones, deja puertas abiertas y es capaz de identificar el *producto* de la negociación, los beneficios involucrados para ambas partes y el *precio* a pagar.

Los criterios de evaluación de la negociación son: llegar a un acuerdo inteligente siempre que sea posible llegar a un acuerdo, debe ser eficiente y realizarse en el tiempo suficiente, pero no más tardado de lo necesario y debe mejorar o al menos mantener las relaciones entre las partes.

Resumen

La negociación es una herramienta de mucha utilidad para el coach de organizaciones, en este capítulo estamos compartiendo con los lectores los elementos básicos para desempeñarse exitosamente en una negociación. El coach lo va a requerir en diferentes ocasiones: para vender sus procesos de coaching, para llegar a acuerdos con el cliente en las actividades propias del proceso, en múltiples aplicaciones empresariales empezando por las más obvias y que aquí ya hemos tratado. Debe tener en mente que existen estrategias de negociación, técnicas y tácticas, que bien utilizadas lo llevaran a salir adelante en sus actividades de coaching y adicionalmente, puede apoyar a sus clientes, con su conocimiento sobre el tema, haciendo preguntas poderosas sobre negociación, para obtener las respuestas igualmente poderosas y de gran utilidad para su cliente.

Puntos para considerar

- Identificar claramente las estrategias de negociación.
- Conocer y dominar las técnicas que se utilizan en el proceso de negociación.

- Aplicar las tácticas en negociaciones complicadas que así lo requieran, manteniendo en mente la estrategia de GANAR-GANAR.
- Prepararse como negociador mediante la alineación de los niveles neurológicos.

Resultados

- Planes de negociación para diferentes aplicaciones: proyectos, plan de desarrollo de clientes, propuestas, presentaciones, ventas, compras y solución de problemas o conflictos.

10

FORTALECIMIENTO DEL LIDERAZGO

Contar con los conocimientos y las herramientas necesarias para identificar su estilo de liderazgo, evaluar sus fuerzas y debilidades de liderazgo personal e interpersonal, establecer un plan de mejora de liderazgo y, lo más importante, crear conciencia de la responsabilidad que como líder tiene, de atender las legítimas necesidades de sus subordinados y de las personas con las que desempeñan el rol de líder, para ayudarles a cumplir las aspiraciones conjuntas y aprovechar al máximo sus capacidades, es uno de los más importantes propósitos que debe tener quien aspira a lograr resultados en forma individual y en equipo desde su posición de coach, o sus clientes, desde su posición de líderes.

El coach se constituye como líder en la relación con sus clientes, cada vez que influye en su pensamiento con preguntas poderosas, que transforman comportamientos, capacidades y habilidades, creencias y valores, refuerzan su identidad o crean conciencia de que son parte de un propósito más grande, cuando alcanzan sus objetivos y metas.

Todas las personas cuyas decisiones impactan en otras personas son líderes, el asunto es si ese líder está enfocado en obtener ventaja de su posición para beneficiarse o está usando su posición para servir a las personas con las que tiene influencia de manera formal o informal.

A continuación, vamos a desglosar los siguientes puntos de nuestro tema de liderazgo y su relación con el proceso de coaching:

- Servicio, La verdadera función del liderazgo.
- Modelo de Liderazgo.
- Identificación del estado del liderazgo: tipos de Líderes.
- Aplicación de Técnicas de Liderazgo para obtención de objetivos y para conducción de procesos de cambio.
- Retroalimentación para la continua mejora del liderazgo.

Servicio y la verdadera función del liderazgo.

Con mucha frecuencia se confunden los términos de poder, autoridad o administrar con liderazgo, para entender mejor el concepto de liderazgo veamos lo siguiente:

Gestionar o administrar es algo que se hace con cosas como inventarios, cuentas bancarias, recursos, pero no con personas, se gestionen cosas, se lidera a la gente.

Poder es la capacidad de obligar a alguien, para que éste, aunque preferiría no hacerlo, haga lo que le pides debido a tú posición o a tú fuerza, el poder se puede otorgar y quitar, aumentar y disminuir.

El poder desgasta las relaciones, puede que se lleven exitosamente algunos proyectos por influencia del poder, pero a la larga, hacer las cosas por influencia de este, hace que las relaciones se vean seriamente afectadas.

Autoridad: es el arte de conseguir que la gente haga voluntariamente lo que el líder pide debido a su influencia personal.

La autoridad tiene que ver con lo que el líder es como persona, con su carácter y con la influencia que ha ido forjando sobre la gente.

De acuerdo con la definición de autoridad te recomiendo establecer una lista de cualidades de alguna persona que, en alguna parte de tú vida, haya tenido autoridad sobre ti, piensa por un momento que era lo que te convencía de esa persona para hacer lo que te pedía:

_____
_____
_____
_____
_____
_____

¿Estas cualidades son innatas para ejercer autoridad o son comportamientos? _____.

Los comportamientos son materia de elección, no nacemos con ellos, el reto para el líder es identificar aquellos rasgos en los que necesita trabajar para cambiar sus hábitos, carácter y su naturaleza y eso requiere un gran esfuerzo.

Liderazgo: es el arte de influir sobre la gente para que trabaje con entusiasmo en la consecución de objetivos en pro del bien común. ¡Ser Líder es una elección!

¿A cuántas personas en las organizaciones se les pide su autorización para ser líder de un departamento o de la organización entera? Normalmente lo ven como un privilegio de ocupar un cargo de poder, pero rara vez se les pregunta *¿quieres ser líder con todas* *las funciones que esto conlleva?* Al hacer esta pregunta, lo que implícitamente están pidiendo es si están dispuestos a todo lo que implica la responsabilidad que como líderes van a tener.

Dependiendo del alcance de la función el líder tiene que lidiar con las relaciones humanas de una organización, como veremos enseguida:

Satisfacer las legítimas necesidades de sus clientes, proporcionando productos y servicios a precios competitivos.

Satisfacer las necesidades de los empleados, ya que la no satisfacción redunda en malestar, baja moral, bajo rendimiento, etc.

La satisfacción de accionistas, que incluye la obtención de dividendos acordes a su inversión.

En proveedores es la paga oportuna de sus productos o servicios en una relación de Ganar-Ganar.

El líder es alguien que identifica y satisface las necesidades legítimas de la gente y le quita todo obstáculo para que pueda desarrollar su trabajo. Esto significa que, para ser líder, primero hay que servir. Cualquier persona que ostenta un cargo donde sus decisiones afectan positiva o negativamente a otros es un líder.

Satisfacer las necesidades de la gente no significa satisfacer sus deseos, ni ser sus esclavos. Los esclavos hacen lo que otros quieren, los servidores hacen lo que otros necesitan. Hay una enorme diferencia entre satisfacer deseos y satisfacer necesidades.

Un deseo es simplemente la satisfacción del ego, una apetencia que no se para a considerar las consecuencias físicas o psicológicas. Una necesidad es un requisito físico o psicológico para el bienestar de un ser humano.

De ahí que sería de mucho beneficio para la formación y fortalecimiento de liderazgo pensar más profundamente en las necesidades de la gente a la que lideramos en el ámbito profesional y privado, para por un lado satisfacer sus necesidades auténticas y, por otro lado, evitar la agotadora tarea de satisfacer sus deseos.

Para mejor comprensión de lo anterior, definimos el rol del líder y de miembro del equipo:

El rol del Líder:

Identificar y asumir libremente su rol de ser cabeza de un equipo con conocimiento de causa, ser consciente del alcance de su responsabilidad.

Investigar o establecer las responsabilidades propias y las del equipo y someterlas a aprobación por una autoridad pertinente, cuando así se requiera.

Identificar y satisfacer las legítimas necesidades de las personas a su cargo en el contexto adecuado, en el alcance de su propia responsabilidad y solicitar autorización ante situaciones emergentes.

Ser ejemplo de servicio, apoyo y enseñanza, antes que pedir cuentas.

Establecer su autoridad asegurando el cumplimiento de las funciones del personal a su cargo y motivar pregonando con el ejemplo.

Brindar apoyo, protección y guía a los miembros del equipo, sin asumir responsabilidades que no le corresponden.

Desarrollar al personal a su cargo para la mejora del desempeño y para que se desarrollen como futuros líderes.

Solicitar guía cuando haya dudas que rebasen su autoridad.

El rol de miembro del equipo:

Investigar sus responsabilidades en el contexto adecuado y aclarar las dudas que surjan de sus funciones.

Identificar los límites de responsabilidad, investigar donde inicia y donde termina.

Investigar y obtener los recursos disponibles para realizar sus funciones y notificar a su superior en caso de que haya carencia de recursos.

Ejecutar las tareas que le han sido asignadas conforme a lo establecido en procedimientos o instrucciones de trabajo recibidas.

Tomar acciones correctivas cuando haya desviación respecto a los resultados de su trabajo.

Participar en programas de capacitación a los que es convocado.

Ser ejemplo de obediencia y responsabilidad.

Buscar apoyo o guía del líder cuando su capacidad para cumplir los compromisos contraídos sea rebasada.

El modelo de Liderazgo por excelencia es Jesucristo y ha sido motivo de estudio por diferentes autores especialistas en el tema. En este capítulo voy a considerar algunas aportaciones de los libros: *Un Líder como Jesús* y *La Paradoja*. Invito al lector a profundizar sobre este tema acudiendo a la sección de bibliografía.

Desde esta perspectiva el liderazgo es transformacional y empieza con el liderazgo personal, después el liderazgo uno a uno, posteriormente en equipo y finalmente, el organizacional o comunitario. Este es el orden de crecimiento en la formación y capacidad de liderazgo. Esto quiere decir que no puede uno liderar a otra persona si no se lidera a sí mismo antes; después de liderarse uno mismo, está en condiciones de apoyar a otra persona de uno a uno; una vez que esto ha ocurrido, está en disposición de liderar un equipo y cuando lo ha logrado; puede asumir la responsabilidad de liderar a toda una organización o comunidad.

En los procesos de coaching ocurre lo mismo: primero es necesario que el coach logre sus propios objetivos y metas; después puede apoyar a otras personas uno a uno a lograr sus objetivos y metas; posteriormente se puede transformar en coach de equipos y; finalmente en uno de organizaciones.

Lo anterior significa que primero como líder o como coach necesito tener conocimiento de causa, que puedo lograr las responsabilidades propias; cuando apoyo a otros y obtienen resultados con la guía o el coaching, genero confianza y una vez con esto realizado; estoy en condiciones de guiar o apoyar con coaching a un equipo, generando en ellos la cohesión para trabajar en conjunto y; finalmente, esto permitirá asumir mayores responsabilidades a nivel de organización total o comunidad.

Teniendo en mente que existen estos niveles de liderazgo y analizándolos a nivel organizacional, involucramos las siguientes áreas de liderazgo:

El liderazgo es principalmente un acto de **servicio hacia las personas que lideramos**, no es para servirnos a nosotros. Entender esto y aplicarlo implica un gran crecimiento para el líder.

La segunda área de liderazgo es **crear una visión para guiar y motivar** a la organización, mediante su difusión, involucramiento y compromiso con ella.

Establecer y lograr **metas claras y medir el desempeño** es la siguiente área del líder, es lo que le proporciona certidumbre a toda organización. Motivar a los miembros de la organización, para lograrlos mediante el seguimiento, apoyo y evaluación de resultados, por parte del líder.

Crear hábitos para renovación del compromiso **en la dirección de ser un líder servidor**, es la cuarta área de liderazgo e implica vencer la tentación de usar el rol de líder para beneficio propio.

Este tipo de liderazgo implica usar el corazón para determinarse a servir a los demás, la cabeza para definir a donde se quiere llegar, las manos para realizar el trabajo y los hábitos para perseverar en servir a las personas que lidera a cumplir los objetivos y metas conjuntos en el marco de una visión compartida.

Modelo de Liderazgo.

Un modelo es un esquema teórico que representa un proceso complicado y que sirve para facilitar su comprensión, una forma de hacer las cosas puede considerarse como un modelo y en este caso, ejercer el papel de líder implica una serie de acciones que se sintetizan en lo que llamaremos modelo de liderazgo.

A continuación les presento una serie de actividades a las que una persona que necesita y acepta ejercer el rol de líder, se va a enfrentar en el ejercicio de su función: es un camino por recorrer que inicia con la intención más la acción, después requiere tomar la decisión de amar a quienes va a liderar, enseguida el modelo le requiere servicio y sacrificio por esas personas y una vez demostrado esto, sigue el reconocimiento de que el líder es una autoridad para, finalmente ganarse legítimamente el nombramiento de líder. Lo veremos a más detalle enseguida.

El liderazgo empieza con la voluntad de ser líder, que es la única capacidad que, como seres humanos, tenemos para que nuestras acciones sean consecuentes con nuestras intenciones y para elegir nuestro comportamiento. Es importante esta acción ya que significa que la persona está aceptando libremente ejercer este rol y lo demuestra teniendo la intención y sumando a esto las acciones, es cuando la promesa (la intención), se transforma en realidad (acciones).

Con la voluntad demostrada podemos elegir amar, **verbo** que tiene que ver con identificar y satisfacer las legítimas necesidades, no los deseos, de las personas que dirigimos. Amor entendido como acción de comportamiento con los demás, independientemente de sus méritos y no como sentimiento.

Esto significa que amamos a los elementos de nuestro equipo nos caigan bien o no, es decir, tener lealtad y tratarlos dignamente para dar fortaleza a nuestra organización. No siempre podemos controlar nuestros sentimientos hacia los demás, pero lo que si podemos hacer es controlar nuestro comportamiento.

Definiciones de las cualidades del amor como comportamiento para ser aplicados por el líder con su equipo de trabajo:

Paciencia: mostrar dominio de uno mismo, especialmente en los momentos difíciles.

Afabilidad: trato y conversación agradable con las personas.

Humildad: ser auténtico, sin pretensiones ni arrogancia y también sin falsa modestia.

Respeto: trato digno a las personas y a sus ideas.

Generosidad: compartir para satisfacer las necesidades de los demás, incluso antes que las propias.

Indulgencia: benevolencia y tolerancia ante las fallas.

Honradez: rectitud e integridad en el obrar y en el respeto a las normas.

Compromiso: obligación contraída mediante acuerdo.

De acuerdo con lo anterior, podemos decir con todo conocimiento de causa que es más fácil traducir nuestras acciones en sentimientos, que traducir nuestros sentimientos en acciones, esto es, los sentimientos derivan de los comportamientos.

Los resultados del amor como comportamiento son: **servicio y sacrificio**, es decir, dejar de lado nuestros deseos y necesidades y, buscar lo mejor para los demás y para la organización en general.

Cuando servimos a los demás y nos sacrificamos por ellos, estamos forjando nuestra **autoridad o influencia**. Y cuando forjamos nuestra **autoridad** sobre la gente, entonces es cuando nos ganamos el derecho a ser llamados **líderes**.

Forzar y desarrollar los músculos emocionales tiene mucho que ver con forzar y desarrollar los músculos físicos, esto significa que llevar las ideas de la cabeza y el corazón a los músculos es hacerlos vida.

El Liderazgo empieza por una elección, la elección conlleva a asumir las abrumadoras responsabilidades que voluntariamente aceptamos, mucha gente no quiere asumir las responsabilidades que le corresponden y prefiere deshacerse de ellas. De ahí la definición de responsabilidad como la capacidad para responder.

La jerarquía de prioridad en una organización a la que el líder debe atender y cumplir es la siguiente: en primer lugar, está la empresa como tal, enseguida la prioridad la tiene el equipo, después los integrantes del equipo y, finalmente el líder. Conocer y cumplir esto le hace al líder más fácil la toma de decisiones.

Para toda persona que quiera desarrollarse en el proceso de liderazgo, hay cuatro etapas de aprendizaje que encajan perfectamente en este modelo:

Primera etapa: **inconsciente e inexperto.**

Desconocer lo que hace falta al líder: líderes que no saben que necesitan esa destreza, lamentablemente esto es un caso muy común.

Segunda etapa: **consciente e inexperto.**

El líder conoce lo que le hace falta y sabe sus limitaciones.

Tercera etapa: **consciente y experimentado.**

Ya ha adquirido las destrezas y le encuentra gusto a su nuevo comportamiento.

Cuarta etapa: **inconsciente y experto.**

Realiza la destreza en forma automática sin necesidad de pensar en ello, la realiza de forma natural. Son los líderes que no tienen que intentar ser buenos líderes, porque ya lo son. No intentan ser buenas personas, porque ya lo son.

Por supuesto que no es fácil ser líder bajo este modelo de Liderazgo por Servicio, pero es muy gratificante y contribuye de manera muy decisiva en el crecimiento y desarrollo del líder, de las personas a las que apoya, los equipos de trabajo y al de la organización o comunidad como un todo.

Un líder de organización tiene una influencia en el cumplimiento de la misión y la visión de su empresa u organización y le permite la permanencia y la trascendencia. De la misma manera el nivel de influencia del coach de organizaciones es muy alto.

Identificación del estado del Liderazgo: Tipos de Líderes.

Existen muchas maneras para identificar el estilo de liderazgo y una de las más usadas en el ámbito empresarial es aquel que va dirigido al cumplimiento con la tarea y al fomento de la relación, en este apartado daremos un vistazo general, esperando que sea de utilidad para el coach y sus clientes.

Una pregunta que se antoja pertinente es, ¿Qué es lo más importante en el liderazgo: la tarea o la relación?

La tarea son los objetivos específicos, la relación es la forma en que el líder interactúa o se relaciona con la gente y a la manera en que los dos intereses mencionados, la tarea y la gente, son entrelazados por un líder de una empresa determinada, define su estilo personal de liderazgo basado en estas características.

Lo importante es que cuando el líder se enfrenta a una situación en la cual ha de realizarse por medio de personas, dispondrá de una gama de formas alternativas para desarrollar su función. Para aumentar su competencia como líder deberá conocerlas y así escoger la que mejor se adapte a cada situación.

La clave del liderazgo es llevar a cabo las tareas asignadas fomentando las relaciones humanas, sin embargo, no siempre sucede así.

Cabe mencionar que no hay estilos correctos o incorrectos, todo depende de variables tales como: madurez individual, madurez de equipo, grado de conocimientos, disciplina, recursos disponibles, clima organizacional, etc.

Estar consciente de esta situación y de tú estilo de liderazgo puede ser útil para mejorar las relaciones y los resultados o ayudar a tu cliente a que lo logre.

Aunado a lo mencionado anteriormente podemos añadir que hay dos clases de liderazgo: transaccional y transformacional.

Transaccional, es aquel en el que está involucrada la realización de una tarea y un resultado claramente establecido, hay intervención del líder solo cuando la tarea y resultado no se cumplen. También está involucrada una recompensa por el trabajo y resultados bien hechos, el líder se asegura que las personas que lo logran reciban su recompensa. Es decir, se atienden simultáneamente, la tarea y la relación.

Transformacional, por otro lado, se refiere cuando los líderes se enfocan en procesos transformadores en los miembros de su equipo u organización. Le interesa al líder no solo la acción de cumplir con objetivos y metas, sino también con un nivel más elevado de visión, atendiendo en este alcance la gestión por objetivos, el crecimiento intelectual, la estimulación de los valores, las necesidades individuales y un sentido de propósito de los miembros de su equipo o empresa.

Aplicación de Técnicas de Liderazgo para obtención de objetivos y para conducción de procesos de cambio.

El Líder que se funda en la autoridad está llamado a hacer muchas elecciones y muchos sacrificios, se requiere mucha disciplina, pero por supuesto es lo que nos comprometemos a hacer cuando aceptamos libremente ser líderes en las diferentes situaciones de la actividad organizacional.

Algunos de los resultados de ser líderes son los siguientes:

Si elegimos dar lo mejor de nosotros mismos y sacrificarnos por los demás, tendremos influencia sobre ellos y podemos ayudar a cumplir los objetivos y metas organizacionales, apoyando a la empresa a cumplir con su misión y alcanzar su visión.

Ser líder da una misión en la vida, que conlleva un propósito y un sentido.

Una vida disciplinada de liderazgo fundado sobre la autoridad equivale a un ideario personal y a una reputación ganada a pulso.

La gente confía más en el líder que en el ideario. Una vez que ha aprobado al líder, darán por aprobado cualquier ideario que el líder apoye.

Encuestas realizadas a personas adultas mayores arrojaron estos resultados a la pregunta ¿Si pudieran vivir otra vez su vida, que cambiarían? Y las respuestas más recurrentes fueron tomarían más riesgos, reflexionarían más y harían más cosas que les sobrevivieran. Dejar un legado es crucial a la hora de envejecer, es algo para tomarse en cuenta. Los líderes están llamados a eso.

Disciplinarnos para dar lo mejor de nosotros mismos por los demás consiste en aprender a hacer lo que no nos es natural, pero el esfuerzo lo vale.

Aplicar todos estos conceptos de liderazgo en la obtención de objetivos y en proceso de cambio en nuestra vida profesional y personal es un buen inicio para el viaje de formación y mejora de nuestro estilo de liderazgo, teniendo siempre en cuenta las necesidades legítimas de los demás para beneficio colectivo.

Ser líder es una responsabilidad a la que estamos llamados los que tenemos una familia, un trabajo que nos requiere conducir personas, o una responsabilidad en la comunidad.

Retroalimentación para la continua mejora del Liderazgo.

Las reflexiones y tomas de conciencia derivados de la lectura de la información presentada en este capítulo y las propias experiencias vividas son el punto de partida para iniciar un proceso de mejora de liderazgo, en el entendido de que el lector puede conocer sus propias fortalezas y debilidades.

Aun cuando analizamos diferentes esquemas de liderazgo, soy un convencido de que, en los procesos de coaching, lo que aplica es el liderazgo por servicio, desde el nivel neurológico más alto, que es el nivel espiritual y animó al coach y a sus clientes a realizar una alineación de niveles neurológicos, a semejanza de lo que vimos en el capítulo Formación de Negociadores.

 A continuación, les comparto los detalles del ejercicio a realizar:

Para hacer una alineación de los niveles neurológicos en lo relativo a liderazgo, se puede hacer lo siguiente:

Coloca en el piso a una distancia de un paso los siguientes 6 letreros: 1 entorno o medio ambiente, 2 conducta o comportamiento, 3 capacidades y habilidades, 4 creencias y valores, 5 identidad y 6 espiritual, después vas a iniciar en el nivel de entorno, puedes pedir apoyo a una persona para que te conduzca el ejercicio y que te vaya diciendo lo siguiente, dando tiempo para que vayas viviendo el proceso, lo puedes hacer con los ojos cerrados para mayor concentración.

Estás parado en el nivel del entorno o medio ambiente dónde y cuándo realizas la actividad de liderazgo, piensa por un momento en dónde y cuándo realizas esta actividad... cuando estés listo puedes dar un paso hacia el siguiente nivel.

Ahora estás situado en el nivel de conducta, piensa en lo que haces cuando estás ejerciendo tu rol de líder, como es tu comportamiento o conducta, toma tu tiempo para pensar… y una vez que hayas terminado da un siguiente paso.

Ahora estás en el nivel de capacidades y habilidades, ¿Cómo ejerces tus actividades de liderazgo, ¿cuáles son las capacidades y habilidades que tienes y utilizas?, ¿las utilizas todas o solo una parte de ellas? Piensa por un momento en ello y piensa si tienes que incorporar nuevas capacidades y habilidades. Cuando hayas terminado da un paso al siguiente nivel.

 Ahora te encuentras en el nivel de creencias y valores, responde a la pregunta ¿Por qué haces eso, que encuentras de valioso en ello? ¿Cuáles son tus creencias acerca de los líderes?, y una vez que hayas concluido, estás en condiciones de seguir adelante.

Te encuentras en el nivel de identidad y en este nivel vas a responder, ¿Quién eres en estas actividades de liderazgo? ¿Cuál es tu identidad como líder?, toma tu tiempo y una vez que hayas terminado da un paso más al frente.

Estás ahora en el nivel espiritual y en este nivel puedes preguntarte y responderte ¿Para quién o para qué haces eso?, puedes incluir tus creencias superiores a tu propio autointerés, el Sistema Mayor del que todos formamos parte.

Manteniendo el estado que te propició el nivel espiritual, puedes dar media vuelta y recorrer de retorno los niveles neurológicos, pasando por el nivel de identidad, después creencias y valores, capacidades y habilidades, conducta o comportamiento y finalmente entorno o medio ambiente; en cada nivel vas a permitir la integración y la alineación de este nivel con los anteriores, hasta el nivel del entorno o medio ambiente, al llegar a este último permanece unos momentos hasta que se hayan completado totalmente la integración y la alineación y una vez que haya ocurrido esto, ya puedes abrir tus ojos.

Resumen

A través del tema de fortalecimiento de liderazgo proporcionamos y analizamos la siguiente información para que pueda ser utilizada por el coach y por sus clientes en el propósito de apoyarlo a lograr sus objetivos y metas organizacionales, en el marco del Modelo COS Coaching Organizacional Sistemático®: el servicio como la verdadera función de liderazgo, el modelo de liderazgo por servicio, el liderazgo que implica la tarea y la relación en interacción, aplicaciones de liderazgo en el ámbito organizacional y como mejorar o fortalecer el desempeño de liderazgo.

Puntos para considerar

- Ubicar el estilo y clase de liderazgo del coach y de su cliente.
- Realizar alineación de niveles neurológicos para ser más congruentes en la actividad de líder.

Resultados

- Tomas de conciencia derivados de la lectura y análisis de la información presentada.
- Identificar los roles que como líder tiene el lector ya sea como coach o como responsable de un departamento o de una organización.
- Reporte de fortalezas y debilidades de liderazgo.

146

11

EVALUACIÓN DE RESULTADOS

El proceso COS Coaching Organizacional Sistemático®, concluye con una evaluación y retroalimentación para la mejora, de acuerdo a lo establecido en la figura 2, cuando se han incluido las entradas y cumplido las salidas adecuadamente de cada proceso señalado, esto es, cuando se han incorporado las necesidades y expectativas empresariales para todas las partes interesadas pertinentes, especialmente clientes, empleados, accionistas, proveedores y la parte de la sociedad con la que existe interacción por la actividad empresarial, se ha incluido la información correspondiente relativa al sector empresarial del que forma parte, en especial el mercado, su tendencia, tamaño y participación, base de clientes, competencia y, en general el contexto externo e interno, en el que se desempeña la organización; por otro lado, cuando se ha definido la dirección estratégica; se han establecido los objetivos y metas globales de la organización; se establecieron planes para objetivos y metas operativos y objetivos y metas críticos; se implementaron con seguimiento hasta que se materializaron en objetivos y metas cumplidas parcial o totalmente; se aplicaron las herramientas de negociación y liderazgo y se inició un movimiento sistemático, que permite verificar el cumplimiento y el desempeño de este macroproceso y también permite determinar las acciones para la mejora.

Modelo COS Coaching Organizacional Sistemático®

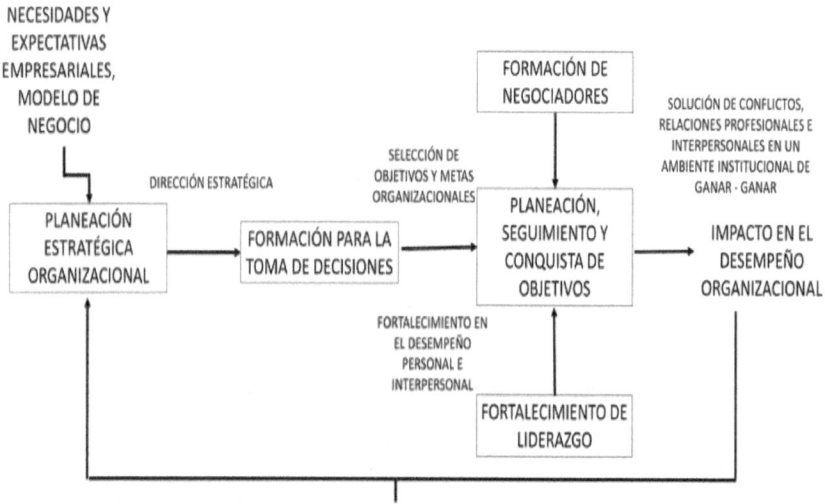

Figura 2: elaboración propia

Como herramientas adicionales para evaluación y retroalimentación les presentaré lo siguiente: Una lista de verificación de los resultados esperados de la aplicación del Modelo COS Coaching Organizacional Sistemático®, y una serie de preguntas que le darán al lector, la retroalimentación, tanto de lo que ya realiza su empresa en la actualidad, como lo avanzado una vez que han implementado este modelo.

Lista de Verificación:

No.	Resultados esperados	✓ o X
	Modelo de Negocio	
1	Tamaño y participación del mercado meta	
2	Conocimiento de capacidad instalada de la empresa	
3	Presupuesto de ventas	
4	Presupuesto de costos y gastos	
5	Presupuesto de Flujo	
6	Utilidad de operación	
7	Margen de rentabilidad	
8	Retorno de inversión	
	Modelo COS Coaching Organizacional Sistemático®	
9	Conocimiento y entendimiento del Modelo COS Coaching Organizacional Sistemático®.	
10	Claridad para su aplicación como coach interno o externo a la organización	
	Productos de procesos de coaching	
11	Descripción de recursos para apoyar los procesos de coaching organizacional	

12	Elementos básicos para profundizar en su conocimiento y aplicación	
13	**Planeación estratégica**	
14	La dirección estratégica	
15	Objetivos y metas globales de la organización	
	Formación para la toma de decisiones	
16	Objetivos globales de organización	
17	Clasificación de objetivos en críticos y operativos	
18	Despliegue de objetivos globales en Indicadores de procesos y proyectos estratégicos	
19	Indicadores de procesos apoyados con coaching o con planes operativos	
20	Proyectos estratégicos apoyados con coaching o planes operativos	
	Planeación de objetivos	
21	Planes de indicadores, proyectos estratégicos, objetivos y proyectos que son operativos	
22	Planes de indicadores, proyectos estratégicos, objetivos y proyectos que son críticos	
	Seguimiento y conquista de objetivos	
23	Plan de trabajo con registro de cumplimiento con actividades y verificación de evidencia	

24	Registro de tareas para asegurar y vivir la intensión atrás del objetivo y la meta	
25	Documentación de actividades nuevas derivadas de la flexibilidad durante el proceso, su seguimiento, verificación de evidencias y su registro	
	Formación de negociadores	
26	Planes de negociación para diferentes aplicaciones: proyectos, plan de desarrollo de clientes, propuestas, presentaciones, ventas, compras y solución de problemas o conflictos	
	Fortalecimiento de liderazgo	
27	Tomas de conciencia derivados de la lectura y análisis de la información presentada	
28	Identificar los roles que como líder tiene el lector ya sea como coach o como líder en una organización	
29	Reporte de fortalezas y debilidades de liderazgo	
30	Cumplimiento con objetivos y metas organizacionales	
Total	Total de ítems con ✓	
Total	Total de ítems con X	

Preguntas de retroalimentación del cumplimiento con el proceso de Coaching Organizacional Sistemático.

Instrucciones: a continuación, se te proporcionan algunas preguntas para determinar el grado de conocimiento acerca de la planeación y conquista de los objetivos y metas organizacionales desde la posición en tu empresa, basados en un proceso sistemático.

Con la información proporcionada en cada pregunta procura responder en cualquiera de las siguientes opciones:

1. Sé cómo hacerlo y ya lo realicé.

2. Sé cómo hacerlo y no lo he realizado.

3. No sé cómo hacerlo.

Pregunta	Respuesta
1.1 ¿Es práctica común llevar a cabo en tu empresa procesos de planeación estratégica?	
1.2 ¿Está definida la dirección estratégica en tu organización?	
1.3 ¿Conoces las directrices organizacionales y tienes control sobre tus metas departamentales?	
1.4 ¿Estás proyectando tu departamento hacia la visión de la empresa?	
1.5 ¿Estás atendiendo objetivos u objetivos críticos organizacionales?	

2.1 ¿Has participado en tu empresa en procesos de creatividad e innovación para la toma de decisiones?	
2.2 ¿Sabes cómo generar opciones o alternativas para toma de decisiones?	
2.3 ¿En qué grado evalúan opciones en tu empresa basados en la razón y en la intuición?	
2.4 ¿Conoces cómo evaluar si está alineado un objetivo con la dirección estratégica?	
2.5 ¿Sabes cómo hacer toma de decisiones efectivas?	
3.1 ¿Estás obteniendo resultados positivos de la planeación y seguimiento de objetivos operativos en tú departamento?	
3.2 ¿Tienes identificados y definidos objetivos organizacionales para este año?	
3.3 ¿Le das seguimiento a tus objetivos organizacionales?	
3.4 ¿Cuentas con apoyo de un coach para los objetivos y metas críticos?	
3.5 ¿Tienes conocimientos y metodologías para apoyar a otros desde la posición de coach?	
4.1 ¿Has aplicado técnicas o herramientas de negociación en el último mes?	
4.2 ¿Utilizas una estructura para planear tus reuniones de negociación?	

4.3 ¿Has tenido negociaciones organizacionales exitosas derivadas de tu preparación en este campo?	
4.4 ¿Sabes distinguir y has participado en negociaciones donde se manejen distintas estrategias?	
4.5 ¿Has participado y sabes cómo contrarrestar a tu contraparte en la negociación si se maneja con ventaja?	
5.1 ¿Conoces o tienes manera de conocer tú estilo o la clase de liderazgo que utilizas?	
5.2 ¿Conoces algún método y lo aplicas para identificar las necesidades del personal a tú cargo en la organización para evitar gastos superfluos?	
5.3 ¿Conoces y aplicas tu rol de Líder en tu vida profesional?	
5.4 ¿Sabes cómo formar líderes entre tu equipo?	
5.5 ¿Has evaluado un ciclo de procesos de coaching organizacional sistemático?	

Total, de respuestas con 1 lo realicé.   _____ Sé cómo hacerlo y ya

Total, de respuestas con 2 lo he realizado.   _____ Sé cómo hacerlo y no

Total, de respuestas con 3   _____No sé cómo hacerlo.

Un mensaje para el coach y para sus clientes que quieran contribuir a que su empresa vaya en pos de un crecimiento y desarrollo sostenido, se resume, en una palabra:

Perseverar

Si hay algo que quieras lograr y crees que vale el esfuerzo, hazlo sin querer que sea perfecto al principio. Al intentar las cosas hay experiencias, decisiones y sus consecuencias y resultados.

Piensa que las personas y las circunstancias están contribuyendo contigo para darte oportunidades y valiosas lecciones, las cuales puedes capitalizar en beneficio de tu empresa y de todos lo que la integran.

Ten por seguro que, si continúas intentando alcanzar tus objetivos y metas en forma estratégica, consistente, significativa y decidida, al final acabarás obteniendo los resultados que deseas.

Desarrolla la incapacidad para detenerte en tus propósitos, de tal manera que te mantengas siempre en el camino.

Un contratiempo puede estar disfrazado de una oportunidad no identificada desde el principio. Dale la bienvenida y acepta posibilidades de orientar tus objetivos y metas por algo mejor.

Cuando decidas tomar una acción a pesar del temor que esto pueda representar, recuerda cuantas cosas has hecho en forma exitosa durante tu vida.

Catálogo de oportunidades en procesos de coaching de acuerdo con el Modelo COS Coaching Organizacional Sistemático®.

A continuación, les presento a manera de listado una serie de oportunidades que, en el ejercicio del proceso de coaching, hemos identificado:

- Procesos de planeación estratégica no actualizados.
- El contexto externo no analizado para identificar el mercado de la actividad empresarial, mercado meta y participación de ese mercado meta por la organización.
- Objetivos y metas no alineados con la dirección estratégica.
- Estructura de trabajo no establecida o formalizada.
- Procesos no estandarizados.
- Desarticulación de procesos y/o departamentos.
- Personal no alineado con perfiles de puesto o perfiles no definidos.
- Falta de seguimiento formal a objetivos y metas organizacionales, indicadores de procesos o proyectos estratégicos.
- Falta de conciencia por algunos de los líderes respecto a su responsabilidad de liderazgo y a su implicación con el equipo de trabajo.
- Falta de seguimiento a la gestión con partes interesadas con relación a necesidades y expectativas.
- Baja capacidad de negociación por parte de personal clave y poca preparación en el tema.
- No interacción entre planeación estratégica y operativa.
- Poca o mínima formación para la toma de decisiones y para tomar decisiones efectivas e informadas.
- Práctica esporádica de conducción de procesos de coaching.
- Poca o nula formación de personal interno que ejerza la función de coach.
- Improvisación en negociaciones o con poca preparación.
- No dar prioridad a los procesos de coaching.

- Inexistencia de modelo de negocio.
- Orientación a lo urgente y no a lo importante.
- Falta de elementos en el sistema de trabajo, sin asignar responsabilidades temporales.

Las situaciones anteriores se convierten en sí, en oportunidades para obtener provecho de la propuesta presentada en este libro.

CONCLUSIONES

Recorrer el camino de escribir este libro ha sido una experiencia enriquecedora desde todos los puntos de vista, permite una reflexión profunda y un amplio conocimiento que proviene de instructores, maestros, mentores, líderes, negociadores, profesionales de coaching, clientes y de diversos autores que comparten sus descubrimientos, estudios, vivencias y comprensiones, para poder dar vida a esta propuesta, que busca integrar una serie de recursos para beneficio de la comunidad empresarial, en particular y organizacional, en general.

A manera de conclusión les presento los siguientes puntos para compartir la experiencia y la toma de conciencia que ha acompañado el proceso de elaboración de esta propuesta:

- ¿Cómo iniciar un movimiento sistemático a través del coaching?
- Identificar y comprometer a cómplices del proceso de coaching.
- Entrar en zona de crecimiento y desarrollo.
- Trabajar con líderes.
- Reencuadrar el concepto de fracaso.
- Reflexión final.

¿Cómo iniciar un movimiento sistemático a través del coaching?

Mover a una organización de su estado actual hacia un estado deseado, representa una tarea muy importante y de mucha trascendencia. Llevarla a una zona de crecimiento y desarrollo, en fin, iniciar un movimiento que produzca resultados favorables de forma consistente y permanente, equivale a estar en estado de flujo y esto se puede lograr a través de esta valiosa herramienta llamada proceso de coaching. La manera de iniciar este movimiento es vendiendo la idea al más alto nivel de la organización, ya que es en el nivel directivo donde se logran los mayores apoyos, para un proceso de cambio organizacional como el que estamos proponiendo.

Identificar y comprometer a cómplices del proceso de coaching.

Una manera muy práctica, es mediante la identificación de directivos o administradores que se encuentran en la necesidad de dar resultados y cuyos esfuerzos han sido infructuosos. También se pueden identificar las personas que son ubicadas dentro de las organizaciones como adaptadores rápidos para los procesos de desarrollo organizacional. Una vez localizados y comprometidos estos personajes, los resultados del proceso de coaching van a hablar por sí mismos y los clientes del proceso de coaching se constituyen como animadores y apoyadores del proceso de coaching. A estos personajes les podemos llamar patrocinadores del Modelo COS Coaching Organizacional Sistemático®.

Entrar en zona de crecimiento y desarrollo.

El propósito principal de un proceso de coaching organizacional y sistemático es proveer a la empresa los medios para migrar de zona de crisis o de zona de confort o comodidad a una zona de crecimiento y desarrollo, algunas razones, opiniones e ideas las compartimos a continuación:

Disfruta lo que sientes: el temor que representa un proceso de cambio puede ser estimulante y bien canalizado, proporciona energía y entusiasmo.

Quien deja su zona de comodidad por una de crecimiento y desarrollo siempre tiene una vida mucho más interesante.

Si lo que haces no te proporciona una carga de endorfina, es que todavía estás en terreno cómodo y necesitas volver a pensar en tu meta.

Hazte más fuerte: las acciones y decisiones que adoptes en momentos de crisis tienen el poder de forjarte una identidad nueva y más fuerte. En el idioma chino crisis se representa por dos caracteres, uno que representa el peligro y otro que representa la oportunidad. ¿Cuál escoges en tiempos de crisis?

Relájate: cuanto más trabajoso sea tu mundo exterior, más necesitarás cultivar la quietud y firmeza de tu mundo interior, con claridad y serenidad interior, tendrás la mejor perspectiva. La herramienta de mindfulness o conciencia plena puede serte de mucha utilidad para esto.

No te tomes demasiado en serio: pon una sonrisa en tu rostro en cualquier momento, especialmente en los momentos difíciles.

Debes saber que sobrevivirás: cuando las cosas sean espectacularmente terribles, atroces; cuando todo es magnífico, maravilloso, estupendo, feliz; di estas palabras para ti mismo, *esto pasará también*. Nada es para siempre.

Prepárate continuamente en procesos de coaching y en las nuevas herramientas que vayan surgiendo, conviértete en coach de tu equipo de trabajo o de tus clientes si eres un coach externo.

La profesión de coach tiene una orientación al servicio, ejerce dignamente la profesión para beneficio de tus clientes al servicio de la organización, que es el sistema del cliente.

Habla con DIOS: Involucra en tus acciones la oración y comprueba sus efectos. Esto te dará fortaleza y certidumbre en tu vida.

Trabajar con líderes.

Apoyar a líderes para que se formen en procesos de coaching y ejerzan como coach, equivale a dejar un legado y es una de las características de los líderes transformacionales, de la misma manera conviértete en un coach transformacional. El alcance de tus procesos de coaching será más trascendental y tus servicios serán más valiosos. Al hacer esto estarás cultivando la mentalidad de abundancia. Un movimiento apoyado y avalado por líderes es un proceso de cambio que no se detiene.

Reencuadrar el concepto de fracaso.

El fracaso es una exigencia para el éxito.

Si quieres ser realmente una persona de éxito, necesitas aprender a convivir con el fracaso, considerado éste como una etapa de aprendizaje camino al éxito.

Lo que hace que mucha gente fracase no es el fracaso en sí mismo, sino el miedo al fracaso.

El fracaso en sí mismo te hace más fuerte, pero el miedo al fracaso te paraliza hasta el punto de neutralizar cualquier intento.

Conocemos la historia del coronel Sanders, quien tenía 65 años y una pensión de jubilación cuando fue rechazado más de 1000 veces al ofrecer y que le fuera aceptada su famosa receta de KFC.

Walt Disney fue rechazado por 300 bancos para financiar su proyecto de Disneyworld y ahora es una realidad en ascenso a través del tiempo, sobreviviendo a su fundador.

El fracaso no existe, sino solo el significado que elegimos darle a los acontecimientos. Existen resultados, que pueden ser satisfactorios o no y el aprendizaje que trae consigo.

Vive tu vida con un sentido de urgencia. Permite que tu felicidad te importe tanto que te impulse a enfrentarte a tus temores y a tu miedo al fracaso.

Tu zona de comodidad es lo seguro, predecible y fácilmente manejable, pero también el lugar donde nunca alcanzarás tus sueños.

En la vida el riesgo mayor es no arriesgarte.

Vive una vida segura y predecible y nunca llegarás a saber lo realmente extraordinario que eres.

De tus actividades actuales ¿qué es lo que te proporciona seguridad? Continuar en ese estado por mucho tiempo es la receta más segura para entrar en zona de crisis.

¿Qué cosas te gustaría tener o ser y cuales te crearían incertidumbre e incomodidad? A esas son a las que deberías dedicar tu vida.

Reflexión final.

Para concluir les platico amables lectores, que me han acompañado a lo largo de este libro una historia, deseando que les permita una reflexión final que nunca termine.

El Viejo Sabio

¿Les he platicado cómo se construye Una Gran Historia? ¿No?, bueno se los voy a contar...

Hace mucho tiempo en un lugar muy lejano había una persona muy especial, la gente reconocía su valía, aun aquellos que, aunque no se lo decían, reconocían a esta persona como muy valiosa y todos sabían de su gran potencial.

Nuestro personaje a veces dudaba de su capacidad y en los tiempos que les estoy comentando, estaba pasando por un gran problema, el cual le representaba un reto para su capacidad y confianza. En verdad, pensaba, *este es un gran reto, ¿cómo voy a hacer para resolverlo*?

Buscó múltiples formas para resolver ese gran problema, no es relevante especificar el problema, lo que sí es importante, es que era grande. Buscó de la manera habitual su resolución y llegó a pensar *esto es superior a mi capacidad.*

Alguien que le conocía muy bien le comentó *¿qué te pasa?, ¿estás bien?* y le respondió: *tengo un gran problema y no sé cómo resolverlo, ya intenté múltiples maneras y no encuentro la respuesta.*

Mira y escucha lo que te voy a decir, le dijo, *hay un Viejo en el interior del Gran Bosque que te puede ayudar porque es muy Sabio, pero tienes que buscarlo, no es por los lugares conocidos, cuando te vas acercando a él, tú lo vas a sentir, es de la manera en que te das cuenta de que vas por buen camino, no es un camino habitual. ¿Has jugado a frío y caliente? andas buscando una cosa que alguien sabe dónde está y si te acercas a ella, te dicen caliente y si te alejas, te dicen frío, pues es similar, aquí vas a sentir si te acercas o te alejas del Viejo Sabio.*

La persona de nuestra historia se avocó a buscar al Viejo Sabio y se adentró en el Gran Bosque, ¡era un lugar hermoso, con gran colorido y sonidos maravillosos que te transportan a un gran mundo interior! Efectivamente, conforme se iba acercando se daba cuenta, porque lo sentía, lo mismo que cuando se alejaba, también lo sentía. Sentía algo de temor y emoción cada vez que se acercaba... hasta que al fondo distinguió una cueva... sabía que ahí adentro se encontraba el Viejo, lo presentía.

Armándose de valentía se introdujo a la cueva y conforme iba interiorizándose, le fue invadiendo una paz y una confianza que le daba la certeza que iba por el camino correcto. Escuchó una voz tranquilizadora que le decía *pasa, te estaba esperando, ¿en qué te puedo servir?...* y él contestó *Me han contado que eres una persona muy sabia y que me puedes ayudar, ya que tengo un gran problema y he buscado su solución de muchas maneras y no la encuentro, ¿en verdad me puedes ayudar?*

El Viejo sonrió y le contestó, *claro que sí, dame varias opciones buenas de lo que quieres ver, sentir y escuchar, una vez resuelto el problema y yo te ayudo a escoger la mejor para tu vida.*

La persona de nuestra historia hizo lo que el Sabio le pidió y en un poco tiempo, resolvió el gran problema con su ayuda. Continuó platicando con el Sabio ya que se hizo su gran amigo y le pidió que le dijera *¿cuál es el secreto de tu sabiduría?*

La respuesta la vas a encontrar en esta frase, la cual vas a pensar hasta que acabe el relato *la solución está más cerca de lo que te imaginas y siempre va contigo y aplica no solo para resolver problemas sino para alcanzar tus más grandes sueños e ideales de vida.*

Cómo nuestro personaje quería saber más le seguía diciendo... *¿cuál es tu secreto para ser tan sabio?* Y la respuesta fue: *estoy en comunicación permanente con la FUENTE de Infinita Sabiduría, AMOR, Bondad y Poder, ahí están todas las respuestas.*

¿Qué te pereció la forma en que se construye una Gran Historia?

Bibliografía:

- Ken Blanchard y Phil Hodges (2006) Un Líder como Jesús, Grupo Nelson, división de Thomas Nelson, Inc.
- Larry Bossidy y Ram Charan (2005) Haga lo que hay que Hacer (Confronting Reality), Grupo Editorial Norma.
- Tony Buzan y Barry Buzan (1996) El libro de los Mapas Mentales, Ediciones Urano, S. A.
- Alain Cardon, Vincent Lenhardt - Pierre Nicolas (2017) Análisis Transaccional, Profit Editorial.
- Stephen R. Covey (1994) El Liderazgo Centrado en Principios, Editorial Paidós Mexicana, S.A.
- Stephen R. Covey (2002) Los 7 hábitos de la Gente Altamente Efectiva, Editorial Paidós Mexicana, S.A.
- Robert Dilts (1998) Liderazgo Creativo PNL, Ediciones Urano, S.A.
- Robert B. Dilts (1999), Creación de Modelos con PNL, Urano.
- Robert Dilts (2004), Coaching Herramientas para el Cambio, Urano.
- Robert Dilts & Judith DeLozier con Deborah Bacon Dilts (2016), PNL II La Siguiente Generación, El Grano de Mostaza.
- Roger Fisher y Wiliam Ury (1985) Sí de Acuerdo! Como Negociar sin Ceder, Editorial Norma, S.A.
- Luis Jorge González (2000) Libres para Decidir, Edizioni del Teresianum.
- Liz Hall (2018) Coaching Consciente, Quarzo.
- Bert Hellinger (2010) La Práctica del Asesoramiento Empresarial, Rigden Edit S.L.

- Bert Hellinger (2011) Historias de Éxito en la Empresa y en el Trabajo, Rigden Edit S.L.
- Bert Hellinger (2018) éxito en la Vida, Éxito en los Negocios, Rigden Edit S.L.
- James C. Hunter (1999) La Paradoja, Ediciones Urano, S.A.
- Spencer Johnson, M.D. (2003) Sí o No, Guía Práctica para Tomar Mejores Decisiones, Ediciones Urano.
- Norma ISO 9001: 2015.
- Joseph O´Connor y John Seymour (1995) Introducción a la PNL, Urano.
- Joseph O´Connor y Ian McDermott (1998) Introducción al Pensamiento Sistémico, Urano.
- Joseph O´Connor y Andrea Lages (2005) Coaching con PNL, Urano.
- César Piqueras y Enric Arola (2016), Coaching de Equipos, Profit editorial.
- Bill Scott (1991) Como Negociar con Ventaja, Editorial Paraninfo, S.A.
- Peter Senge con R. Ross, B. Smith, Ch. Roberts, A. Kleiner (1995) La Quinta Disciplina en la Práctica, Granica.

Acerca del Autor

Francisco Pereyra se ha caracterizado durante su trayectoria profesional por ser altamente innovador en sus procesos y servicios. Dentro de sus aportaciones más importantes destacan las siguientes:

Pionero en México en el tema de calidad en el servicio.

Es uno de los primeros consultores en implementar los sistemas de gestión en empresas públicas, privadas e instituciones educativas en todos los niveles.

Ha colaborado en múltiples empresas industriales, comerciales y de servicios y participado en el desarrollo de profesionales para potenciar sus capacidades y habilidades, durante más de 30 años.

Integración del desarrollo humano al servicio de organizaciones diversas.

Aplicación de la programación neurolingüística y diversas herramientas para apoyar los procesos de coaching en las actividades laborales.

Su más reciente aportación es la creación del Modelo COS Coaching Organizacional Sistemático® para conquistar los objetivos y metas de las organizaciones.

Actualmente desempeña la función de director en la empresa de consultoría SOYDH, S. C.

direccion@soydhsc.com

www.soydhsc.com

www.ingramcontent.com/pod-product-compliance
Lightning Source LLC
Chambersburg PA
CBHW021412210526
45463CB00001B/327